アドラーが教える
親子の関係が
子どもを勇気づける！
だからやる気が育つ！

叱らない
子育て

日本アドラー心理学会
認定カウンセラー
岸見一郎

Gakken

はじめに

　息子が生まれた時、私は大学で哲学やギリシア語を教えていました。その頃は今とは違って比較的時間を自由にすることができたので、息子とその後生まれた娘を保育園に七年半、送り迎えをすることになりました。その頃の状況がたまたま、そうすることを私に許してくれたということなのですが、後にこのことで私の人生が大きく変わることになるとは思ってもいませんでした。

　子育ては楽しいことばかりではなく、大変なことのほうが多いといってもいいくらいです。子どもたちと過ごす日々は、最初は何もかも思うようにならないことばかりでした。

もしも子どもが理想的に従順な子どもであれば、子育ては大変なものにはならないでしょう。起こさなくても朝早く一人で起きてくる。学校に遅れずに行ってくれる。夜も親が何もいわなくても宿題をし、早い時間に寝てくれる。しかし、残念ながら私たちの目の前にいる子どもは、そのような理想的で従順な子どもではありません。

それでも子育てについて何も特別に学ばなくても何とかなると思っていたのですが、息子が二歳の時にとうとう行き詰まってしまいました。友人にそのことを話したところ、アルフレッド・アドラーの著書を読むことを勧めてくれました。これが、当時はまだあまり知られていなかったアドラー心理学との出会いでした。アドラーはフロイト、ユングと活動を共にした精神科医で、世界で初めてウィーンに児童相談所を作るなどカウンセリング活動に力を注ぎ、子どもと対等に接する子育てを提唱しました。

親が子どもをどれだけ愛していても、それだけでは子育てはうまくはいきません。ちょうど車の運転をするのであれば、免許を取るために教習所に通って学ばなければならないように、子育ても子どもとどう接すればいいのかを学ぶ必要があります。親が子どもの自分にしてきたことを思い出すだけで子育てができると考えるのは、喩《たと》えてみれば、虫垂炎の手術を受けたことがあるからといって、自分でも他の人に手術ができると考えるようなものです。小学校以降のことならまだしも、少し考えれば、自分が小さかった頃のことは何も覚えていないわけですから、その頃、親が自分をどう育てていたかはわかるはずはないのです。

本書においては、私が子どもたちとの関わりの中で実践してこなかったことは一つも書いていません。子育てはたしかに大変ですが、ちょっとした「こつ」を学ぶことで子どもとの毎日は一変するはずです。目下、子育ての真っ直中の方の参考になればうれしいです。

岸見 一郎

目次

第2章

子どもを叱らない

《アドラーの子育て論》

第5章 子どもの自立を助けよう

《アドラーの子育て論》

第6章 子どもとよい関係を築こう

《アドラーの子育て論》

第１章

《アドラーの子育て論》

子どもの行動を理解しよう

子どものことは何もわからない

子育てについては知らないことばかり

三十代の頃は、二人の子どもを保育園に送り迎えするという生活を続けていました。当然、仕事もしなければなりませんでしたので、昼間は保育園で子どもたちを見てもらっていたのですが、**私が子どもたちと関わるようになって痛感したのは、子育てについては何も知らないということでした。**

ミルクを作ったり、おむつをあてるというようなことは、上手ではなくても、少し練習すれば何とかできるようになりました。その他のことも、私の親が私にしていたであろう子育てを思い出してやれば、何とかなると思っていました。

しかし、おむつのあて方などについてはわかっても、例えば、子どもが夜泣きした時はどうするのか、とか、スーパーでおもちゃがほしいといいだして泣き出した時はどうするのか、というようなことについては、どうしていいかわかりませんでした。

このような時にどうするかについて本を読むと「叱りなさい」と書いてあったり、「叱ってはいけない、ほめなさい」と書いてあったりしました。どうしていいかわからないまま、子どもを叱ってみましたが、泣きやむわけではなく、寒い冬の夜に哺乳瓶を片手に困り果ててしまいました。

息子が保育園からいなくなった！

息子が二歳のある日、保育士さんが目を離したすきに、突然、保育園からいなくなりました。幸い、この時は大事には至らず、ほどなく保育園から数百メートル離れたところで保護されましたが、私はこの時、子どもが「なぜ」保育園から出て行ったのか理解することができませんでした。

「なぜ」という問いは心理学者でも答えるのはむずかしい、とアドラーはいっています。なぜならこの問いが求める答えは、やがて詳しく見ていくように行動の「原因」ではなく「目的」なのですが（28ページ）、自分についてでさえも、自分が何かをする時に、一体何を目的にして行動したかと問われても、すぐに答えることはできないからです。

保育園からいなくなるというような特別なことでなくても、例えば子どもが朝、保育園に行こうとしないというような時、**なぜそのようなことをするのかは、親であっても多くの場合わからないといっていいでしょう。**

しかし、この「なぜ」を知らない限り、いつまでたっても行き当たりばったりの対応になってしまいます。

まとめ

子どもが「なぜ」
そのような行動をしたのかは
親でもわからない。
「なぜ」を知らなければ
いつまでも行き当たりばったりの
対応になってしまう。

問題行動の原因は愛情不足？

愛情不足に原因を求めても役に立たない

子どもが何か問題を起こした時、その原因を親の愛情不足に求める人は多いですが、では、どうすれば愛情が足りることになるのか、また、それを可能にするとされる方法が仮に実践できるとしても、そのことが問題行動をなくすのか、**そもそも、本当に愛情が足りないことが子どもの問題行動の原因なのかは自明ではありません。**

愛情不足の親はいない

実際には、今の世の中、**愛情不足の子どもはいないといっても過言ではありません。**
むしろ、親の側でいうと、愛情過多、愛しすぎです。子どもの側でいうと、愛されているのに、もっと愛してという愛情飢餓の子どもばかりといっても間違いありません。

子どもが保育士さんの話を聞かないということがあった時、保育士さんはそのことの原因を親の愛情不足に求めました。私が「どうすればいいか」とたずねたところ「抱きしめてあげてください」という答えが返ってきました。「帰ったら子どもを抱きしめていますか？」というのです。そんなことで子どもが問題を起こさなくなるのなら簡単なことだと思って、「そうします」と答えたら、「お母さんでないとだめです」といわれて驚いてしまいました。

私が子どもたちを保育園に送り迎えをしていた頃は、今とは違って父親の姿を保育園で見ることは稀《まれ》でしたから、奇異の目で見られることもありました。子どもを保育園に預けている親は、日頃、十分に子どもと関われていないと思っているわけですから、愛情不足というようなことをいってはいけないと思うのです。まして、母親が昼間働いていていて十分に子どもと接する時間が少ないことが問題行動の原因であるというのであれば、事情があって父親が子どもを育てている家庭では、子どもは皆、問題を起こすことになってしまいます。

子どもがもっと大きくなってから、例えば学校に行かなくなったというような時に、そのことの原因を乳児期の母子関係のあり方に求め、スキンシップが足りなかったからだといわれても、タイムマシンがなければ、原因を取り除くことができないわけですから、事態は今後も変わりようがないことになります。

子どものことで相談にくる親に、過去のことを持ち出しても意味はありません。

大切なことはこれからどうするかであって、子育てに行き詰まっているとしても、

子育ての技術を知らない下手な親だっただけのことで、悪い親であるわけではないのです。

まとめ

問題行動の原因は
愛情不足ではない。
子育てに悩む親に
過去のことを持ち出しても
意味はない。
大切なのは、これからどうするか。

力ずくの解決は本当の解決にならない

力はいつまでも通用しない

愛情不足が子どもの問題行動の原因であると見る人は子どもを抱きしめるという提案をしますが、他方、力ずくで問題を解決できると考えている人もいます。

保育園に子どもが通っていた頃、登園が遅い子どもが多いことについて、保育園で「中学生や高校生ならともかく、保育園の子どもなら力ずくで引っ張ってくることはできるはず。子どもが遅刻するのは親の責任」といわれたことがあります。しかし、私は子どもを自転車で送り迎えしていましたから、身体を反らせて自転車に乗ることを拒まれれば、小さな子どもでも力ずくで何とかするなど、とうていできませんでした。

中学生や高校生であれば、なおさら力ずくで何とかできるはずはありません。その年齢の子どもに手をあげる人はさすがに少ないかと思いますが、叱ることで何とか親の思うように子どもを導きたいと考える人は多いでしょう。

しかし、そのやり方が功を奏していないことも多くの人が知っていることです。**力を使う代わりにどうすればいいかを知らなければ、いつまでも同じことが繰り返されるのです。**

子どもに反撃されないために

子どもたちがやがて大きくなると、ある日、自分のほうが親よりも強いことに気づきます。そうなると、子どもは親にされてきたことを親にするようになるかもしれません。

親が少しでも、子育てにおいて叱ることも必要であると思っている限り、この世の中から虐待はなくなりません。もちろん、叱ることと子どもを虐待することは別物だという人はあるでしょうが、**叱ることも叩くことも、さらには虐待することも質的には同じで、ただ量的に違うだけです。**

子どもをどんな仕方であれ、力で押さえつけない方法を親に学んでほしいと思います。さもなければ、子どもが小さく、親に圧倒的に力があって怖いと思っている間は何も起こりませんが、親が自分よりも弱いと見れば反撃するか、面と向かって反発はしなくても、裏に回って、親が腹を立てるというよりは、嫌な気持ちになることをするようになるかもしれません。ある子どもは親に叩かれている間、「これを忘れてなるものか」と思ったといいます。こうなると、親子関係の修復は難しくなります。

子どもの行動を理解するだけでなく、親のほうも、力で子どもを押さえつけようとするのがどういうことなのかをよくよく理解しなければなりません。

まとめ

力ずくで解決しようとしても
同じことが繰り返されるだけ。
やがて大きくなった子どもに
反撃されないためにも
子どもを力で
押さえつけることが
どういうことか
理解しなければならない。

反抗期は必ずあるもの？

待っていても反抗期は終わらない

よく「この子は反抗期で」というようないい方をしますが、これは本当ではありません。いつか、小学校でお母さん方のこんな会話を耳にしたことがありました。

「子どもがなかなか親のいうことを聞いてくれないのよ」

「うちもよ。でも、あと一年で反抗期は終わるから…」

いったい、何を根拠に「あと一年」といえるのか私にはわかりませんでした。残念ながら、ある年齢に達したら反抗期は終わるというものではありません。いわゆる反抗期がそのようなものであれば、親は何もしなくてもただ嵐が過ぎ去るのを待てばいいわけですが、いつまでも親に反抗を続ける子どももいるのです。

子どもが親に反抗するのは、親が上に立って、子どもを叱ったり、命令したり、支配したりしようとするからです。初めは親に従っていた子どもでも、やがて親の理不尽な抑圧に反抗するようになるのは当然です。

子どもを反抗させる親がいるだけ

しかし、もしも大人が子どもたちに無理な抑圧をしなければ、子どもは反抗する必要はありません。**反抗期というようなものがあるわけではなく、反抗させる親がいるだけです。**子どもが反抗するような態度を取らなければ、反抗期は存在しないわけです。

ですから、うちの子どもには反抗期がなかったと心配する親もありますが、親が子どもに反抗する必要がない対応をしてきたからこそ、子どもに反抗期といえる時期がなかったということなのですから何の心配もありません。

ただし、子どもが反抗してしかるべき対応を親が子どもにしてきたにもかかわらず、子どもがそれをそのまま受け入れて従っているとすれば、それはそれで問題といえます。反抗する必要はありません。しかし、**子どもには親にしてほしくないことをきちんと言葉で主張しなければならないことを学んでほしいのです。**それがどうすることなのかをまず親がわかっている必要がありますが、残念ながら親のほうも先に見たように、子どもが何か問題を起こした時に力ずくで押さえようとするのですから、子どもも同じことをして親に反抗してもしかたないともいえます。

反抗期がないのは、今見たように親の対応が適切だったからですが、そもそも子どもの頃に反抗期がなかったということが仮に問題であるとしても、今の子どもとの関係をよくすることには何の関係もないことなのです。

まとめ

子どもが親に反抗するのは
反抗して当然の行動を
親が取るからだが、
子どもも、反抗するのではなく
してほしいことを
きちんと言葉で主張することを
学ばなければならない。

子どもの行動の目的を知る

「なぜ」問題行動をするのかを知る

親が叱ってみても、子どもの行動が改善しないことは多くの親が知っています。そのことを知っていても、叱ることに代わる方法を親は知りません。どう対処すればいいかを知るためには、子どもが「なぜ」問題行動を起こすかについて理解することが必要です。「なぜ」こんなことをするの、と親が子どもにたずねてみても、子どもは答えることはできませんし、親も答えられません。

その目的は「注目」されることです。無視されるくらいなら、たとえ叱られても注目されたいと子どもは考えます。ですから、親が子どもを叱ってもいっこうに子どもが問題行動をやめないとすれば、**叱っているにもかかわらずやめないのではなく、叱るからこそやめない**というのが本当です。

子どもは叱られることを知っている

このように子どもは親から注目されるために、あえて叱られようとしているのであり、自分がしていることが親に叱られることであるのを知らないということはまずないでしょう。

そんな子どもも最初から問題行動をするわけではありません。例えば、家に帰った時に「ただいま」と声をかけたのに、だれもそれに気づかなかったとします。そんな時は、自分が帰ってきたことを何とかして家族に気づいてもらおうと思って、大きな声を出すでしょう。

子どもが問題行動をする時も、似たようなことが起こっています。最初は、どの子どももいい子になって親にほめてもらおうとします。ところが、**子どもが適切な行動をしていても多くの場合、親はそれを見落としてしまいます。そこで子どもは何とか親を自分のほうに振り向かせようとして、問題行動をし始めるのです。**

問題行動とまではいかなくても、親が一番困ることを、しかも一番親が困るタイミングですることもあります。親がイライラしたり、本気で腹が立つことをすれば、親は子どもを叱ります。そうすることで**親の注目を引くことに成功するのであり、そのことが子どもの行動の目的です。**

もちろん、子どもは叱られたくはありませんが、叱られるほうが無視されるよりもはるかに望ましいと考えるので、子どもの問題行動は、いよいよエスカレートします。

行動の目的がわかれば、子どもの行動にどう対処すればいいかわかります。どのように対処すればいいのかについては、このあと見ていくことにしましょう（33ページ）。

まとめ

子どもが問題行動を起こすのは
親を自分のほうに
振り向かせるため。
行動の目的がわかれば、
対処の方法もわかる。

対人関係の中で考えよう

子どもの言動が向けられる「相手役」はだれか

人は一人で生きているのではなく、必ず、他の人の〈間〉で生きています。人間というのは、そういう意味です。他の人がいて、初めて人は「人間」になるのです。

子どものことについても自分のことでも思い当たることですが、人はだれの前にいるかによって、微妙に、あるいは、かなり、性格や言動が変わります。外では意気地がないのに、家の中では威張り散らすことを内弁慶といいますが、内と外とで態度を変えるのは、関わる人が違うからです。

子どもの言動には、必ずそれが向けられる「相手役」がいます。それは多くの場合、親であり、子どもは親から何らかの仕方で応答を引き出そうとします。

いつか息子が保育士さんの話を聞かなくなったことがありました。保育士さんが話を始めると壁のほうを向くというのです。このような時、子どもの性格や家庭環境、家庭での親の子どもへの接し方に問題行動の原因を求めてみてもどうにもなりません。

なぜなら、子どもが話を聞かないのは保育園でのことであり、そのような行動が向けられた「相手役」は親ではなく、保育士さんであるからです。そのように考えたほうが起こっていることを正しく理解することができ、適切に対処することができます。

相手役の感情から行動の目的を知る

子ども本人に行動の目的をたずねることもできないわけではありませんが、行動の目的は多くの場合、無意識ですから、「なぜそんなことをしたの」とたずねられても答えられないことは多いですし、そもそも幼い子どもであればさらに、たずねることはできません。

子どもに直接たずねる代わりに、**相手役がどう感じたかによって、子どもの行動の目的を知ることができます。**子どもが話を聞かないと私にいってきた保育士さんに、そんな時どう感じるかたずねたところ、「イライラする」という答えが返ってきました。保育士さんのこの答えから、子どもの行動の目的は注目を引くことであるのがわかります。子どもが注目されるために行動している時に適切に対処しなければ、子どもはやがて親が叱らないわけにいかないことをし始めます。本気で腹が立てば、権力争いが目的であることがわかります。

息子のことで保育士さんと話をした日の夜、息子にどんな話をしてきたかとたずねました。息子は自分の行動と保育士さんの対応について、一言こういいました。

「それは、先生がちゃんと〔僕のことを〕見てないからだ」

まとめ

子どもの問題行動には
必ずそれが向けられる
「相手役」がいる。
相手役の感情を知れば
子どもの行動の目的がわかるので
適切に対処できる。

怒りの感情から自由になる

ついカッとして怒るのではない

子どもを叱る時に、感情的にならないということは実際にはできないでしょう。普段は冷静な親でも、子どもが何かとんでもないことをしでかした時に、ついカッとして子どもを叱りつけた、というふうに普通は考えます。

この場合、子どもの行動が原因となって、怒りに駆られた親が大きな声を出したというのが一般的な説明です。本当は怒りたくはなかったのだが、怒りに駆られて子どもを叱りつけたと考えるほうが、常は自分はこんなに感情的になって子どもを叱ったりはしないと思いたい人には都合がいいでしょう。

しかし、アドラー心理学では、**怒りを初めとする感情は抑えることができないものとは考えません。怒りの感情をある目的のために使うのであって、その目的は子どもに親のいうことを聞かせようとすることです。**実際、子どもを叱りつけると、子どもは親のいうことを聞かないわけにはいきません。

また、子どものほうも、親が子どもを叱りつけた時に泣くと、それを見た親が子どもを責められなくなることを知っています。この場合、子どもは親に叱られたので涙を流したというよりは、「もう責めないで」と親に訴えるために泣いたと考えるほうが理に適っています。

子どもがまわりに人がいるところで泣き叫ぶ時も同じです。子どもがおもちゃやお菓子を買ってほしい、と大きな声を出して地団駄を踏むと、大抵の親は子どもの要求に屈してしまいます。

適切な方法を知れば感情から自由になれる

しかし、怒りを例にとれば、**子どもに何かをしてほしい、あるいはしてほしくないことがあれば、怒りの感情を使う必要はありません**し、子どものほうも怒ったり泣いたりしなくてもいいのです。

どうすればいいのかはこれから見ていきますが（66ページ）、怒らないと決心するというような方法ではなく、怒りの目的を知り、かつ怒りの感情を使うよりも、より容易に目的を達成できる方法を採ったほうがいいのです。そのことがわかれば、子どもと関わる時に怒りの感情を以前ほど使わなくなっていることに気づく日は、そんなに遠い先のことではありません。子どもが気持ちよく親のいうことに同意し、行動を改善することを目の当たりにするようになれば、有効とはいえない、しかもエネルギーを消耗するような喧嘩《けんか》へと発展するかもしれない怒りの感情を使う必要はなくなるからです。

まとめ

怒りなどの感情は
抑えることができないものではない。
子どもにいうことを聞かせるという
目的のために創り出したものである。

保育園最後の日

これから先、この7年半ほど生きていてよかったと思える日はないだろう

子どもたちを保育園に送り迎えしなくてよくなった日のことをよく覚えています。その朝、保育園から帰る時、娘を後ろの席に乗せていない自転車は、常よりも軽やかに走っているように思えました。今日で子どもを送り迎えするのは最後なんだと思った時、これから先、「この7年半ほど生きていてよかったと思える日はないだろう」とまで思いました。

第２章

《アドラーの子育て論》

子どもを叱らない

あえて叱られることをする子ども

最初から叱られることはしない

第1章でも述べたように（29ページ）、子どもは最初から親に叱られるようなことをするわけではありません。むしろ、最初はほめられるようなことをします。そのことに気づいてもらえないと、親がイライラするようなことをするようになりますが、その場合も、親があまりにイライラして本気で叱ろうとする前にさっと引くので、親も思わず苦笑することになってしまいます。

下に弟や妹が生まれた第一子は「あなたは今日からお兄ちゃん（お姉ちゃん）、だからできることは自分でしてね」といわれると、それまでは親と離れて一人では寝られなかったのに、「一人で寝る」といってみたり、トイレに一人で行こうとします。家事に忙しい親に代わって弟や妹の面倒を見ることもあります。

しかし、いつも親が満足することができるわけではなく、弟や妹を泣かせるようなことをして親から叱られてしまうということがあると、たちまち方針を変えます。**いわゆる赤ちゃん返りといわれることを始め、以前に増して親の手を煩わすようになることがあります。**

注目されるためにあえて叱られる

子どもがいつも親やだれかに自分がしていることに注目してもらわないと気がすまないというのは問題です。第一子は、それまで親の愛情や注目、関心を自分だけに向けることができていました。しかし、下に弟や妹が生まれると、あなたのこともそれまでとは変わらず大切にするというようなことを親がいってみても、実際には弟や妹に手がかかるようになります。そのため「王座」から転落したと思った第一子は、奪われた王座を何とかして奪還しようとするわけです。このように注目されたいと思うことにどんな問題があるかについては後に考えてみましょう。第一子に限らず、子どもはいつも親に注目されたいと思っていますが、親がいつも子どもに注目するということはできません。

そこで、子どもは**たとえ叱られてでも自分に注目してほしいと思うようになります。**そのように思っている子どもの行動に注目すれば、どんな形であれ、子どもは親から注目されることになります。さりとて、親が子どもに注目しなければ、子どもは親がどうしても無視できないようなことをすることで注目されようとし、親を怒らせることをしかけてくるのです。

しかも自分のすることが親に叱られることであることを知っていますから、どんなにきつく叱ってみても、子どもが問題行動をやめることはありません。**叱っているのに問題行動をやめないのではなく、叱っているからこそ子どもは問題行動をやめないのです。**

まとめ

親に注目されようとして
あえて叱られることをする子ども。
どんなにきつく叱っても
問題行動をやめることはない。
むしろ叱っているからこそ
問題行動をやめないのだ。

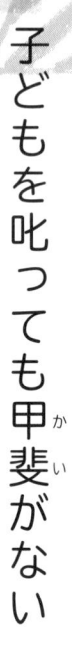

子どもを叱っても甲斐《かい》がない

即効性はあるが問題行動は続く

子どもが大人のいうことに従わない時、親は子どもを叱ります。子どもは大きな声で叱られると親が怖いので問題行動をやめます。その意味では、たしかに叱ることには即効性があります。

しかし、**叱ることは親が思うほど有効ではありません。多くの場合、その後も同じことが何度も繰り返されるからです。**もしも叱ることが有効であれば、親が子どもを一度叱れば、二度と問題行動を繰り返さなくなるはずです。どれほどきつく叱ってみても、同じことが繰り返されるというのであれば、もっときつく叱れば問題行動をやめるのではなく、叱るという方法が子どもの問題行動をやめさせる方法としては有効ではなく、むしろ改善の余地があると考えるほうが論理的です。

それにもかかわらず親が子どもを叱ることをやめられないのは、もう少し叱れば子どもが改心して、例えば、朝早く起きるようになるのでは、とか、勉強するようになるのではないかという希望を捨てることができないからです。

それでも叱られたい子ども

本当に小さな子どもであれば、自分がしていることが親に叱られるようなことであることを知らないかもしれませんが、もう少し大きくなれば、先にも見たように、叱られることを知っているはずです。その上で、あえて叱られることをしているのです。

このようなことをするのは、せめて叱られるようなことをしなければ、親に注目してもらえないと思い込んでいるからですが、**親のほうは子どもが適切なことをしていても、そうすることを当然だと思って格別の注目をしていないのです。**

たとえ子どもがしていることが適切なことであっても、親がよしとすることでなければ、親はそのことに注目しません。学校から帰ると寝たきりの祖母の世話をしていた小学生がいました。そのことを母親に話したところ、「でも、あの子は勉強しませんもの」という、つれない答えが返ってきました。この子どもは親にほめられようと思っていたわけではなく、祖母の世話は昼間働いている親に代わって自分が学校から帰ってからすることだと思っていました。しかし、もしもほめられようと思って祖母の世話をしていたのであれば、親からそのことに注目されなければ、親が困ることをし始めたかもしれません。

適切なことをしても親に注目されない子どもは、親が困ることを、しかも一番困るタイミングでします。このような子どもを叱れば、いよいよ叱られることを続けます。

まとめ

親は、子どもが
適切なことをしていても
当然だと思っているので
注目をしていない。
子どもは親に注目されようとして
問題行動を始めることもある。

自分で判断できなくなる子ども

大人の顔色をうかがう

子どもを叱ると、大人の顔色をうかがうようになります。例えば、怖い先生の前では、子どもたちは私語もなく、背筋を真っ直ぐにして身じろぎもしないで先生の話を聞いているでしょう。

ところが、その先生がある日何か用事があって休みます。その先生の代わりに、別の先生が教室に入ってきます。その先生は大きな声を出して生徒を叱ったりはしません。子どもたちは、その先生が教壇に立つとおとなしく授業を聞こうとはせず、クラスの収拾がつかなくなってしまいます。このようなことが起こるのは、その先生に教師としての力量がないからではありません。常は力で抑えつける先生と接している子どもたちが「この先生は叱らないな」と、叱らない大人を見くびるからです。私は、このように大人の顔色をうかがって態度を変えるような子どもになってほしくありません。

叱られて育つ子どもは、叱られるかどうかということだけを考えるようになりますから、叱られさえしなければ何をしてもいいと思うようになりますし、**やがて自分では自分の行動が適切なのかどうかを判断できなくなることもあります。**

自分のことしか考えられなくなる

叱られるか叱られないかということばかりを気にかけるようになると、叱られることを恐れて他の人からどう思われるかということばかり気にするようになります。

電車の中で目の前にすわっている高齢の人に席を譲るべきか迷うことがあります。まだ席を譲られるような年ではない、というようなことをいわれたらどうしようなどと考えているうちに時間だけが過ぎ、席を譲る機会を逸してしまいます。席を譲ることを申し出た結果、怒られるようなことが仮にあるとしても、自分が今この状況でどうするかを判断することこそが大切です。

子どもは親から叱られて育つと消極的になります。そうなると積極的に自分から何かをしようとはしなくなります。自分ではしたくないことでも人に合わせるようになりますし、他の人が間違ったことをしていてもそのことを指摘しないようになるかもしれません。あわよくば隠しおおせると思っていた不正が発覚した時に、お詫び会見を開き、頭を下げている大人の姿は見苦しいです。親から叱られることを恐れ、責任を取ることを避けるために失敗を隠そうとする子どものように見えます。子どもたちには、そんな大人になってほしくはありません。

まとめ

叱られて育つ子どもは
叱られることを恐れて
消極的になり、
自分で自分の行動の是非を
判断できなくなる。

スケールの小さな子どもになってしまう

いい子にはなるけれど

親が子どもをきつく叱ると、子どもは親に叱られるようなことはしなくなるかもしれません。その結果、「いい子」になるかもしれませんが、時に失敗することはあっても、失敗を恐れず自分の判断で積極的に自分が正しいと信じることをしなくなります。

まず大きな花を咲かせよう

型にはまった子どもを育てることがいいとは思いません。型破りであっても、いわば、**まず大きな花を咲かせればいいのであって、その後もしも必要であれば、花の下にある雑草を抜けばいいのです。**

しかし、抜かなければならない雑草のようなものがあるとは思いません。だれもがとんがったところをたくさん持っています。その出過ぎたところを矯正するようなことをすると、もともとはスケールの大きな子どもだったのに小さくまとまってしまい、一角《ひとかど》の人物にもなれなくなります。出過ぎたところ、つまり、角は子どもの短所であると親は思い、自分でもそう思うかもしれませんが、それが本当に短所なのかはわかりません。

行動についても、叱られて育ったために自分の考えでは何もできなくなった消極的な子どもに、積極的になることを教えるよりも、積極的な子どもに行動を少し抑えるように教えるほうがたやすいでしょう。**エネルギーの向かう方向を変えることはやさしいですが、そもそもエネルギーがない子どもにエネルギーを出すところか**

ら教えるというのはなかなか大変なことです。

批判されると消極的になる

子どもを叱るつもりではなくても、大人が子どもの足りないところや失敗した部分を指摘すると、子どもはそのことを批判されたと感じます。親にすれば知識も経験も十分でない子どもを導きたいと思うでしょうが、その際、冷静に子どもが知らないことを教えるというよりは、怒りのこもった口調でいってしまうものです。そうなると、批判されたと感じた子どもはわかってもらえないと思ったり、批判されるくらいならいっそ何もしないでおこうと考え、叱られる子どもと同様、消極的になります。例えば子どもが家事を手伝ったら、かえって面倒なことになったり、気になるところを批判してしまうかもしれませんが、消極的になって失敗を避ける子どもより、失敗する子どものほうがはるかに学ぶことが多いのです。

まとめ

子どもの積極性を大切にし
まずは大きな花を咲かせよう。
消極的な子どもより
積極的に行動して失敗する
子どものほうが多くを学べる。

関係が遠いと子どもを援助できない

怒りは人と人を引き離す

子どもは自分を叱る人を好きになれません。親も子どもの頃、近所などに怖い人がいたことを覚えているはずです。大人になってからは、職場でも部下が失敗した時などにきつく叱る人を見てきたことでしょう。

はたして、叱られた時に、その叱った人のことを好きになれるかどうか。おそらく多くの人は、自分を叱る人を好きにはなれないと思います。ちょうど望遠鏡を反対側から覗《のぞ》くような感じです。近くにいるはずの人がうんと遠くに見えるのです。

叱ってしまうと距離が遠くなってしまいます。アドラーは、怒りは人と人を引き離す感情であるといっています。距離が遠くなってしまうと、子どもを援助することができません。親は子どもを叱り、そうすることで子どもたちとの関係を遠くしておいてから、子どもたちを援助しようとします。それは不可能です。近い関係の人のいうことであれば、子どもたちはきっと聞いてくれますが、**関係の遠い人がどんなに正しいことをいっても、あるいは、正しいことをいうからこそ、子どもたちはその人がいうことを聞こうとはしません。**子どもを援助するためには関係を近くしなければいけないのに、叱ると距離が遠くなってしまうので、その目的を達成することはできないのです。

子どもを対等に見ていない

叱る親が子どもを自分より下に見ているのは明らかです。もしも自分と子どもが対等の横の関係にあると思っていれば、子どもを叱ることはできないはずです。対等の横の関係がどういうものかについては後でも考えますが（100ページ）、**大人が子どもを対等に見ていないからこそ、叱ったり辱めるような言葉をいう**のであって、大人同士であれば何か相手に改善を要求することがあっても、頭ごなしに叱ったりはしないはずです。

後に横綱まで昇進したある力士が大関になった時、インタビューに答えて、「私が今日あるのは、竹刀で私を叩いてくれた師匠のおかげです」といっているのを聞いたことがあります。その力士は竹刀で叩かれたので力を伸ばしたのではありません。竹刀で叩かれるような目にあわなければ、もっと早く力を伸ばせたというのが本当ではないかと思います。どんな人も指導者が叱ったりしなくても改善点を言葉で説明すれば必ず力を伸ばせるはずです。叱られると萎縮《いしゅく》してしまいますし、結果を出すことにだけ目を向けるようになり、スポーツであれ勉強であれ、楽しむことができなくなります。

まとめ

子どもは自分を叱る人を
好きになれない。
叱ると子どもとの距離が
遠くなるので、
正しいことをいっても
聞いてくれなくなり、
子どもを援助することができなくなる。

子どもを追い詰めない

叱られると引くに引けなくなる

親が子どもを叱る時、親は自分が正しくて子どもは誤っていると思っています。親は子どもを叱ることで子どもに喧嘩《けんか》を仕掛けているのですが、先にも見てきたように、子どもは自分がしていることが親から叱られることであることを当然知っていますから、親のいうことを聞いてしまうと親が正しいことを認め、親との喧嘩に負けることになります。

ですから、**子どもを追い詰めてしまうと、どんなことがあっても自分が誤っている**

ことを認めようとはせず、行動を改善しようともしなくなります。そのようなことがないように、子どもが自分がしていたことが間違っていたことがわかり、行動を改めようとした時に、親に負けたことになると思わないように、逃げ場所を残しておく必要があります。

親に負けると復讐に走る

子どもを叱りつける親に子どもが公然と反抗してくれるほうがまだいいのです。親から叱られたりしたことを子どもが恨んでくれたら、自分が親になった時に親からされたことをしようとは思わないでしょうから。

たしかに子どもと喧嘩をして親が負けるのも困りますが、もしも親が子どもに勝ってしまったら、子どもはもはや親の前には出てこようとはせず、陰《かげ》に回って、親が腹が立つというより、嫌なことをし始めます。親に復讐しようと考えるのです。

こうなると、利害関係がない第三者が介入しなければ親子関係の改善は難しくなりますが、親は自分が正しいという思いからなかなか脱け出せません。負けても、関係がよくなるほうを取ったほうが賢明だといえます。

叱られて自信をなくすのではない

子どもは叱られると、そのことで自尊心や自信をなくしてしまいます。親は子どもを叱りつけ発憤させれば、例えば勉強をするようになると思うでしょうが、実際には子どもはいよいよ勉強しなくなります。

ここに一つ問題があります。親に叱られたので自信をなくし、その結果、どんなこともしなくなるというのは本当ではないということです。自分が取り組まなければならない課題である勉強に蹟《つまず》いてしまった子どもは、もはや勉強しようとはしなくなるかもしれません。それは、自信をなくしたからではなく、そのような子どもは、**親か**

ら叱られたことを課題に取り組まないための理由にします。親は子どもの挑発に乗って叱らないようにしなければなりません。

まとめ

子どもを追い詰めずに逃げ場所を残しておこう。叱られた子どもはそのことを理由にして自分の課題に取り組まなくなるからだ。

叱る代わりにできること

代わりにどうすればいいのかわからない

子どもにとって親があまりに怖ければ、親に注目されるためにいわば確信犯的な行動をすることをやめるかもしれません。叱られることを自分がしていると知っていても、また、叱られることで初めて自分がしていることがよくないことであるとわかるとしても、叱られるだけでは、どうするのが適切なことなのかわからないということがあります。それがわからなければ、子どもは行動を改善できません。

子どもと一緒の時に母親が友人に会ったという場合、子どもが恥ずかしがって顔を背《そむ》けたり、もじもじしたり、「あっ、どうも」というような挨拶をしたりしたら、親は後で「どうしてちゃんと挨拶できないの」と叱るかもしれません。しかし、**叱ってみても、どうすればよかったのか、何といえばよかったのかを教えないと、また同じことが繰り返されることになります。**

お願いをすることを教える

子どものほうも自分が親にしてほしいことを伝えるために感情的にならずにすむ方法があることを知れば、行動は必ず変わります。

保育園の帰りに子どもと一緒にスーパーに買い物へ行くと、おもちゃやお菓子売り場の前で泣くことがありました。そんな時、私は子どもにこういいました。

「そんなに泣かなくていいから、言葉でお願いしてくれませんか？」

すると、子どもは泣きやんでいいました。

「あのお菓子を買ってくれたらとってもうれしいんだけど」

もちろん、私は喜んで買いました。親は子どもの要求内容が嫌なのではなく、要求の仕方が嫌なのです。それならば適切なお願いの仕方を教えればいいのです。

息子が三歳の時、同じクラスのお友だちが先生に「ぞうきん！」といいました。息子がそれを制して、「ぞうきんではわからないやろ。『ぞうきん、とってくれたらとってもうれしいんだけど』というんや」といったことを保育士さんから聞きました。

「〜してくれませんか？」とか「〜してくれると助かるんだけど（うれしいんだけど）」というように疑問文または仮定文を使い、相手に断る余地を残すのがコツです。例えば、命令「〜しなさい」はもとより、「〜してください」では断る余地がありません。そこで、「いや」といえない人は感情的に反発することになります。**大人も子どもにお願いします。なぜなら子どもと大人とは対等なのですから、命令することはできないからです。**

このことについては、また後で見ます（100ページ）。

まとめ

子どもの行動を改善するには
叱るのではなく、
どうしたらよいのかを
教えなければならない。
子どもにしてほしいことを伝えるときも
命令するのではなく
「～してくれるとうれしい」というように
子どもに断る余地を残す。

コップ
もってきて
くれると
たすかるなー
はーい

自分で失敗の責任を取る

原状回復をする

息子が二歳の時に、ミルクをカップに入れて歩きながら飲んでいました。二歳ですからまだ足元がおぼつかなかったので、次に何が起こるかを予想することは簡単でした。でも、私は叱りませんでした。まだその時には何も起こっていなかったからです。静観していたら、予想どおりミルクをこぼしました。さて、こんな時どう対処すればいいでしょう。

この話をすると、多くの親は「拭く」と答えます。だれが？　親がです。しかし、

子どもがこぼしたミルクを親が拭けば、子どもは何を学ぶでしょうか。子どもは、自分が何をしても、親が自分がしたことの責任の尻ぬぐいをしてくれると学ぶでしょう。

子どもに聞きました。「どうしたらいいか、わかる?」。わからないといったら教えようと思っていたところ、子どもは「ぞうきんで拭く」といいます。「じゃ、拭いてね」。ミルクをこぼしたのは悪意からではありません。失敗なのです。おそらくこぼれるとは思ってなかったでしょう。**こんな時に叱ってしまったら、子どもはただ萎縮してしまうだけで、この場面で学ばなければならない肝心のことを学べないことになってしまいます。**

同じ失敗をしないために

ただし、同じ失敗を二度、三度と繰り返すのは望ましくありません。そのとき私は、「これから、ミルクをこぼさないで飲むためにはどうすればいいと思う?」とたずねました。知らないといったら教えようと思っていましたが、しばらく考えて、「これからはすわって飲む」と答えました。正解でしょう。

このプロセスを振り返ってほしいのですが、一度も叱っていません。悪意でしたわけではないのですから、失敗した時に、何をすればいいのかを学べば、叱る必要はありません。**可能な限り原状回復をする。今後、同じ失敗をしないための話し合いをする。このニつのことをすれば、叱る必要はありません。**

謝罪する

謝罪することが必要な場合もあります。どんな場合に謝るかといえば、例えば、子どもたちがきょうだい喧嘩《げんか》をして相手に怪我《けが》をさせてしまったような時です。このような時には、怪我をさせた子どもは謝る必要があります。

この場合の可能な限りの原状回復は、軽症であれば治療することです。もしも子どもの手に余る大きな怪我であれば、一緒に医院に行き、治療中に手を握って励ませばいいのです。

まとめ

悪意でしたわけではない失敗は叱らない。
可能な限り原状回復をして同じ失敗をしないための話し合いをする。
失敗によっては謝ることが必要な場合もある。

毅然とした態度を取る

威圧的な態度

育児、教育で叱るということは一切必要ありません。しかし、子どもがしていることを放置できず、例えば、電車の中で大きな声を出すというような、人に迷惑をかけるようなことをした時には、「そんなことはしてはいけない」と伝えないといけない場面はあります。そのような時には毅然とした態度で子どもに臨めばよく、威圧的な態度を取る必要はありません。

威圧的な態度を取る人は、必ず怒りの感情を伴って大きな声を出します。**威圧的な**

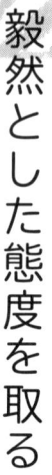

態度を取る人は、その怒りの矛先を当の相手だけに向けるのではないので、まわりの人までも怒られていると感じます。

毅然とした態度

他方、**毅然とした態度で臨む時には、注意をする人だけに働きかけるわけですから、まわりの人は平気でいられます。**特急に無賃乗車し、あちらこちらの席にすわっていた乗客に車掌さんが「他の乗客の皆さんに迷惑です。降りてください」と冷静に対応している場面に居合わせたことがあります。

固唾《かたず》を飲んでこの様子を見ていた乗客は車掌さんの態度を怖いとは思わず、その勇敢に対処する姿に皆心を打たれました。怖いどころか、女子大生のグループは「かっこいい」と歓声を上げていました。

相手が子どもの場合、もしも子どもが自分がしている行動の意味を知らないのであれば、毅然とした態度すら必要でないかもしれません。態度を特に常とは違うものにする必要はなく、**ただ言葉で問題になっている行動をやめるようにいえばいいだけです。**

電車の中で子どもが静かにできなくなった時には、親は子どもと一緒に電車から降りるしかないでしょう。駅のホームであれば、それほど迷惑はかからないでしょう。ホームで再び電車に乗れるようになるまで待てばいいのです。その際、叱る必要はありません。だれもがかつては子どもだったのですから、多少、子どもが電車の中でぐずずいっても皆がもっと寛容になるべきだと私は思います。電車に騒ぎながら乗る権利はないということを子どもが学べばいいのです。

一方、子どもが自分のしていることが他の人に迷惑を及ぼすことであることを知っているとすれば、このようなことをして親を困らせようとする前にできることはたくさんあります。

まとめ

子どもが人に迷惑を
かけるようなことをした時は
威圧的な態度ではなく、
ただ言葉で
やめるようにいう。

親のけんか

そんなに怒ったら、お母さんはお父さんのことを好きになってくれると思ってるんか?

息子が 5 歳になったある日、私が何かのことで妻に大きな声を出した時、息子はいいました。「そんなに怒ったら、お母さんはお父さんのことを好きになってくれると思ってるんか? 好きでなかったらどうするっていうの」。けんかがそこで終わったことは、いうまでもありません。子どもは、大人が本を読んだり話を聞いたりしてようやく学んだことを、大人が知らない間にやすやすと学びます。

第3章

《アドラーの子育て論》

子どもをほめない

叱らないとどうなるか

事態は同じか悪くなる

それでは親が子どもを叱らなくなればどうなるでしょう。大抵の子どもはそれだけでも元気になります。**叱られることは子どもにとって大きな負担ですから、親が叱らなくなればそれだけでも精神的に楽になるのは間違いありません。**

親は子どもの今しがたの行いについてだけ叱るのではなく、それまでのことにも言及し、子どもを批判します。叱らなくても、例えば、犬や猫を飼いたいと子どもがいいだした時、親はそれまでのことを持ち出して、あなたはこれまでも何を始めてもいつも続いたことがなかったというようなことをいいます。続いたことがまったくなかったとは思いませんが、動物を飼うことを断念させるために親はこのようないい方をします。
このようなことも含めて親が子どもを叱らなくなれば、たちまち子どもは元気になれます。ところが、親が叱るのをやめると、それまでは叱られるという形であれ注目をされていたのにそれすらなくなることに子どもが困惑することがあります。そのような場合、事態は何も変わらないか、もしくは以前よりも悪くなることがあります。

叱られたくはないけれども、叱られることをしなければ親に振り向いてもらえないと思い込んでいる子どもとは、それまでのように叱らないで関わっていかなければなりません。

「注目しない」という注目

叱らないということは親にとっても容易なことではありません。叱らなければ子どもとの関係がよくなるということは頭では理解していても、いざ目の前にいる子どもが親の神経を逆なでするようなことをすれば、冷静でいることはできず、声を荒らげて子どもを叱ることになります。

しかし、このように叱っても甲斐がないことは先にも見たとおりです。叱ることはもとより、ちらりと目を向けるという形であれ子どもに注目すれば、子どもは自分の行動に注目されたと思うので問題行動をやめないのです。

そのようなことも理解し、叱らないでおこう、注目しないでおこうと思ってみても、その**注目しないでおこうとすることがかえって子どもの言動に注目することになってしまいます。**肩が怒っていたり、背中が震えていたり、声を出せばその声も上ずっていたりするのです。このようになれば、注目しないというよりは、無視というほうが正しいでしょう。注目しないというのは、子どもを無視することではありません。どういうことか、これから見ていきましょう。

まとめ

叱られることでしか
親に注目してもらえないと
思っている子どもは、
親が叱らずに
目を向けるだけでも
注目されたと思うので
問題行動をやめない。

適切な注目とは

ただ注目しない

娘が一歳になっていよいよ保育園に行くことになった四月に、入園式を前に水疱瘡《みずぼうそう》になってしまいました。入園式にも行けず、慣らし保育の間も一度も登園できないまま、初めて娘が登園した日は長時間保育が始まる日でした。

私は保育士さんに七時に迎えに行くといって帰ろうとしましたが、その時、保育士さんの顔に困惑の表情が浮かびました。そこで、私はこういいました。

「おそらく娘は私が帰ったら泣くと思います。でも、いつまでも泣き続けたりはしません。必ず三十秒で泣きやみます」

その日保育園に迎えに行くと、朝の保育士さんが職員室から出てこられました。「たしかに泣きやみました。でもお父さんがいってられたのとは違って…私、時計で時間を計っていたのです…そうしたら三十秒ではなく、二十秒で泣きやみました」

これはたまたまのことではありません。親の姿が見えなくなったので娘は泣き始めました。目の前にいる人は当然かまってくれると思っていたのに、時計を見ている…。泣いても甲斐はないということを娘が理解するのに私は三十秒かかると思っていたのですが、二十秒で理解しました。泣きやんだら、保育士さんが娘を抱き上げてくれました。

泣いている子どもを前にした時、この保育士さんが子どもに注目しないで時計を見ていたような対応ができれば、たとえ子どもが泣いたとしてもイライラしないでしょう。

不適切なところに注目しない注目を

先に見たように、叱らない、注目しないでおこうと努力することでは、叱らないでおこうと思うことそれ自体が注目することになってしまいます。そうならないためには、**同じ行為の適切な面に注目することが同時に、その行為の不適切な面に注目することにならないようにすればいいのです。**

すぐには意味が取れないと思われるかもしれませんが、そんなに難しいことをいっているわけではありません。

例えば、朝、遅く起きてきた子どもに「何時だと思っているの」というように起きてきた時間に注目するのではなく、とにもかくにも起きてきたことに注目して声をかけることはできます。「生きててよかった」というようなことをいえば、小さな子どもは怪訝《けげん》な顔をするでしょうし、思春期の子どもであれば「ばかにするな」とでも返してくるかもしれませんが、やがて見ていくように、子どもが何かをする、しないというう以前に、生きているということはありがたいことなのです。

まとめ

かまってもらいたくて
子どもが泣いていても
そのことに注目しなければ
子どもは泣きやむ。
子どもの不適切な面ではなく
適切な面に注目しよう。

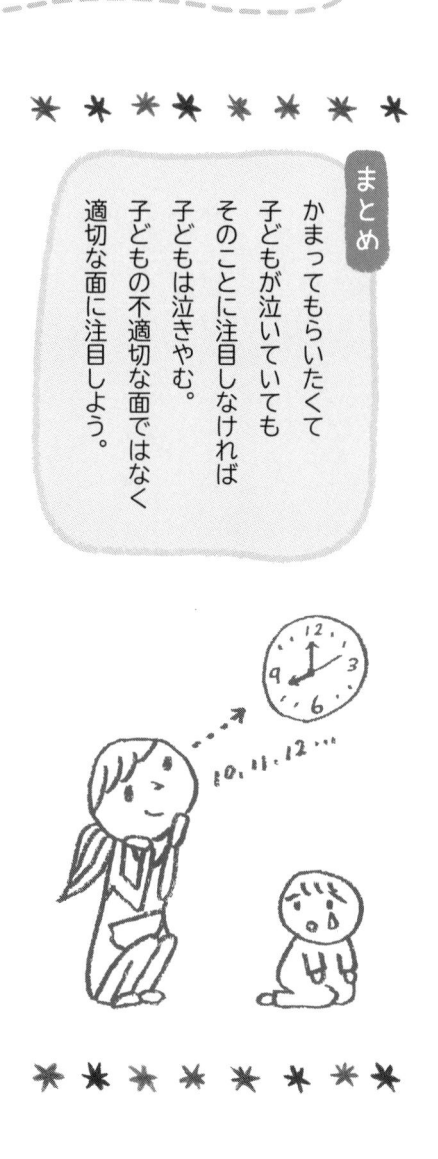

いつも問題を起こしているのではない

「いつも」ではない

息子が保育園で保育士さんの話を聞かなくなったことは先に書きました。私は息子が、「いつも」保育士さんの話を聞いていなかったとは思わないのです。保育士さんの話がおもしろければ、耳を傾けたに違いないのです。

保育園で息子が話を聞かないということを保育士さんから説明を受けた日の夜、息子は保育園でどんな話をしてきたかを全部教えてほしいと私にいいました。私の説明を聞いて息子はいいました。

「それは、先生がちゃんと僕のことを見ていないからだ」

どんなに問題を起こしているように見える子どもでも、いつも必ず問題を起こしているわけではありません。朝起きてくるのが遅い子どもでも、毎日遅く起きてくるわけではありません。日曜日の朝早く、親に起こされなくても友だちと釣りに出かけていきます。しかし、親は早く起きてくるのが当たり前だと思っていますから、早く起きてきてもそのことには気づかなかったり、あるいは特に注目しません。遅く起きてきた日には、必ずそのことに注目し、「何時だと思っているの」というようなことをいって叱るのです。

ほめるのではない

それでは、子どもが早く起きてきた時には「えらいね」というふうにほめればいいのですか、とたずねる人は多いのですが、そうではありません。

このような質問が出てくるのはある意味当然です。今はさすがに叱ることを子育ての最善の方法として公然とすすめる人は少ないように思いますが、実際には叱ってはいけないといわれても、子どもを日々叱ってばかりという親は多いでしょうし、子どもの態度があまりにひどければ、力によって押さえつけることも必要だと考えている人もいます。体罰に反対する人でも、躾《しつけ》という大義名分のもとに子どもに手を出したり、そこまでいかなくても叱ることが必要だと思う人がいる限り、体罰はなくならないと私は考えています。

叱ることを積極的に肯定しない人であっても、**叱る代わりに子どもとどう接すればいいかを知らなければ、子どもとの関係に行き詰まることになります。**そこで、叱らずにほめて育てよといわれるのですが、「叱るのでなければほめる」という単純な二分法では、子どもに適切に対処することはできません。

私自身、子どもが生まれた時に育児書などを読んで、「子どもを叱るのはやめよう、でもほめて育てよう」と思っていましたから、ほめることには次の項目に見るような問題があることを知った時の驚きは大変なものでした。

まとめ

子どもはいつも必ず
問題を起こして
いるわけではない。
問題を起こさなかった時は
親は注目しないのに、
問題を起こした時にだけ
そのことに注目して叱る。

ほめても甲斐はない

ほめる人がいなければ適切な行動をしなくなる

ほめられて育った子どもは、ほめる人がいなければ適切な行動をしなくなります。

廊下にゴミが落ちていても、まずまわりを見回す子どもがいます。これから自分がゴミを拾ってゴミ箱に入れるところを見てくれるのであればゴミを拾おうと、一瞬にして判断します。そして、だれも見てくれないのであれば、ゴミを拾うことなく通り過ぎてしまうのです。

たとえだれにも見られず、ほめられなくても、自分がすることが適切かどうかを自

分で判断できる子どもになってほしいのです。叱られた子どもが親や先生に叱られたら怖いと思って問題行動をやめるのと同様、ほめられて育った子どもも人の顔色を見て、ほめられるとわかれば適切な行動をしますが、自分の判断で進んで適切な行動をすることができなくなります。

課題に挑戦しなくなる

多くの親は子どもが勉強できることを喜び、いい成績を取ってきた子どもをほめます。子どもが親の期待通りにいい成績を取れる間は何も問題は起こらないのですが、どの子どももいつまでもいい成績を取れるわけではありません。ある頃から思うような成績を取れなくなるということは、大人も子どもの頃に経験したことだと思います。

そうなると、親にほめられることを喜びとし、ほめられるために勉強してきた子どもは勉強しても意味がないと思うかもしれませんし、こんなに成績が悪ければ親から見放されると思うかもしれません。

その時、**子どもは勉強という課題を前にしてためらったり、立ち止まったりしてしまいます。**

結果さえ出せればいいと考える

いい成績を取ることでしか親からほめられないと思った子どもは、結果を出すために不正を働いてでもそうしようと思うかもしれません。試験の時にカンニングをするのはこの例です。ほめられるために他の人との競争に勝とうとしますが、たとえ競争に勝てたとしても、ほめてくれる人がいないかもしれません。

勉強のことでなくても、他のきょうだいはほめられるのに自分はほめられない、それどころか叱られる子どもは、競争に負けたと思うでしょう。きょうだい関係であれ、他の対人関係一般であれ、競争に負けた人は必ず心のバランスを崩すといっていいほどです。

まとめ

ほめられて育った子どもは
ほめる人がいなければ
自分の判断で進んで
適切な行動をすることができなくなる。
また、期待通りの結果が出なければ
課題に挑戦しなくなる。

ほめることの意味

ほめることは評価すること

子どもさんのことで母親とカウンセリングをしていた時、いつもは一人でこられるのですが、その日は三歳の娘さんを一緒に連れてこられました。三歳の娘さんは、親の横の椅子にすわりました。カウンセリングの時間は、大体一時間ですが、その一時間の間、静かに待てないと多くの親は思います。

子どもは三歳ともなれば、自分が置かれている状況の意味、あるいは置かれている状況で自分が何を期待されているかを完璧に理解していますから、私の予想通り（し

かし、親には意外なことに）、その子どもは一時間おとなしくしていることができました。カウンセリングが終わった時に、親は、その子どもに声をかけました。「えらかったね。よく待てたね」と。子どもをほめたわけです。

ある日別のケースで、三十代の男性がいかにも弱々しい感じでカウンセリングにこられました。カウンセリングが終わった時に、「今日は、どうやってこられましたか」とたずねたところ、「今日は妻が車で送ってくれました。下の駐車場に車を止め、その中で待っています」といわれました。「そんなことだったら次回からカウンセリングに同席してください」というと、次回は、彼女も入ってこられました。僕と彼との間で一時間話をしました。その間、彼女は隣でじっと話を聞いていました。さて、カウンセリングが終わった時に、夫が妻に「よく待てたね。すごいね」とほめたとしたら、妻はどう感じるでしょうか。うれしくはないでしょう。ばかにされたと思うはずです。

なぜそう思うかといえば、**ほめるというのは能力がある人が、上から下に向かって**

下す評価の言葉だからです。

ほめるのは縦関係が前提

大人がカウンセリングの間静かにできた子どもに「よく待てたね」とほめるのは、待てないと思っていたのに思いがけず待てたからです。大人はこんなふうに子どもをほめます。対等な関係であれば、相手をほめたりはしません。叱ることについてははっきりしています。**対等の関係であれば相手を叱ることなどできないからです。どこか相手を自分より下に見ているからこそ、叱ることができるのです。**

ほめることは、叱ることほどにははっきりしないと思うかもしれませんが、縦関係を前提にしています。**相手が能力がなく自分より下だと思っているからこそ、ほめることができるのです。子どもも、対人関係の下位に置かれたいとは思わないでしょう。**

まとめ

対等の関係ではなく
子どもを自分より
下に見ているからこそ
叱ることができ、
ほめることができる。

大人と子どもは対等

大人は子どもより早く生まれただけ

大人と子どもが対等であるといえば、そんなことはないという人もあります。大人と子どもが同じだといっているのではありません。子どもには自力ではできないことがありますし、親の援助も必要です。取れる責任の大きさも違います。小学校一年生の子どもの門限が夜の十時であるということはありえないでしょう。遅く帰ることの責任を取れないからです。しかし、門限を決めるのであれば、子どもには門限があるが大人には門限がないというのはおかしいでしょう。子どもに門限があるのであれば、門限の時間は違っても、大人にもなければいけません。

このように**知識も経験も、また取れる責任の大きさも違いますから、大人と子どもは同じではありません。しかし、同じではないけれど、人間としては対等なのです。**

大人は子どもより早く生まれ、一方は親、もう一方は子どもとして出会ったというだけのことです。

子どもたちと対等であることがわかり、子どもを尊敬し、全幅の信頼で接すれば、子どもたちを力ずくで抑える必要はなく、叱らなくていいことがわかります。また、子どもを下に見て、おだてたりほめたりすることもないのがわかるでしょう。

評価ではなく喜びの共有を

息子が四歳の時、プラスチック製の鉄道模型を作っていました。複雑に組み立てられたレールは見事な出来映えでした。それを見て母親が「すごいレールね。一人で作ったの？　こんな難しいのを作れるようになったのね」と声をかけました。

このように親がいったら喜ぶ子どももいるでしょうが、息子はこの言葉に対してこう答えました。

「そう、大人から見たら難しそうに見えるけど、ここまでは簡単なんだ」

そして、こういった後、息子は線路を作ることをやめてしまいました。親の言葉は純粋に感嘆の言葉でしょうが、子どもには本来この年ではこんなレールを作れるはずはない、それなのにすごい、と大人の観点から評価されたように感じたのかもしれません。

親にはこんな意図がなかったとすれば、子どものこのような反応に困惑してしまいますが、**子どもが親の言葉をどう受け止めるかには敏感になったほうがいいでしょう。**どう受け止められたか確信を持てない場合には、子どもに直接「今、お母さん（お父さん）がいったことどう思った？」とたずねてみるのもいいでしょう。

このような場合は私なら出来映えにではなく、「楽しそうだね」というふうに子どもが遊びに取り組んでいる時の様子に反応するでしょう。

まとめ

大人と子どもは
同じではないけれど
人間としては対等。
子どもを信頼し
子どもを尊敬して接すれば、
叱らなくていいし
ほめる必要もない。

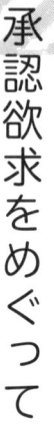

承認欲求をめぐって

自分の人生を生きるために

小さい頃から、親や教師からほめられて育つと大人になっても、何をする時もほめられ、承認されたいと願うようになります。

叱られたくないと思うことや嫌われたくないと思うことも承認されることを願うことです。たしかに、ほめられたり承認されるとうれしいですし、このような承認欲求はだれにでもあると考えられていますが、承認されることが必ず必要かといえばそうではありません。むしろ、承認されたいと願うことから起こる弊害はあまりに多いのです。

一番の問題は、自分がしたいこと、あるいはしたくないことがあっても、叱られたくない、ほめられたい子どもは自分の意思ではなく、親や教師の意思を優先してしまうことがあるということです。親にすれば子どもがわがままで、あれがしたい、あれがほしいとばかりいう子どもも困りますが、したいことがあってもいわないのも困ります。

子どもが自分のしたいことをしたいといわないことには隠された目的があります。自分で選ばず親に何でも任せてしまった結果、後に自分が望んでいなかったことが起こった時、責任を親に転嫁するためです。

子どもは親の期待を満たすために生きているわけでありませんし、親にほめられるために自分がしたいことを諦めるというようなことがあってはならないのです。何としても自分の人生を生きてほしいのです。

承認を期待できない時

承認欲求はだれにもあると多くの人はいいますが、**承認されないことは日常生活の場面ではいくらでもあります。**子どもの頃からほめられて育ち、大人になってからも承認欲求が強い人にとっては、子育てはつらいものになります。子どもは一人で勝手に大きくなるわけではなく、親の援助がなければ生きていくことはできません。しかし、生まれて間もない子どもは親がどれほど世話をしても何もいいません。もう少し大きくなった子どもでも、親がどんなに苦労しても、大きくなった時にその頃のことをまったく覚えていないことを知ってがっかりする人もあります。

子どもが感謝しないとしても、親が苦労して育てた時のことをすっかり忘れるとしても、子どもの世話をしないわけにはいきません。承認欲求からどうすれば自由になれるのか。子ども自身も親がどう関わっていけば、いろいろと問題のある承認欲求から自由になれるか。次章では、叱るのでもほめるのでもない子育ての方法について学びます。

まとめ

小さい頃からほめられて育つと
子どもはほめてもらいたくて、
自分の意思ではなく
親の意思を優先してしまう。
したいこと、したくないことがあっても
口にできなくなる。

子どもの成長に気づく瞬間③

いつの間にか少女に

おめめ、赤くない？

娘が５歳の時、保育園に行くために自転車に乗っている間、「お母さんが先に出かけてしまった」と、ずっと泣いていたことがありました。ところが、保育園に着くとこういうのです。「おめめ、赤くない？」。先に出かけた母親のことよりも、自分の目が保育園で先生や友だちにどう見えるかのほうが気になるようになった娘は、いつの間にか少女になっていました。

第4章

《アドラーの子育て論》

子どもを勇気づけよう

勇気づけとは

叱るのでもほめるのでもない

子どもを叱るのでもほめるのでもないとすれば、どうすればいいでしょう。先に紹介した（96ページ）、カウンセリングの間、親の横で静かに過ごした子どもに親は何といえばよかったのでしょうか。

ほめるのは適切ではないということを先に指摘しました。なぜなら、同じような状況で、カウンセリングに同行してきた妻に、夫がカウンセリング終了後に「えらいね」「よく待てたね」とはいえないように、子どもは大人と対等なのですから（100ページ）、子どももほめることはできないからです。

では、何といえばいいのでしょう、とあらためて問うと、多くの人から「ありがとう」という答えが返ってきます。カウンセリングに同行した時、夫からほめられるのはいやだけど、「ありがとう」といわれたらうれしいというのです。

子育ての場面では、いつも待ったなしですから、こんな時、どんな声をかけようかと思っているうちに声をかけるタイミングを逸してしまいます。ですから、**ほめるのではなく、「ありがとう」といえばいいということを知っているのと知らないのとでは大きな違いがあります。**

とはいえ、「ありがとう」とほめ言葉はどこが違うのかということが理論的にわかっていなければ、どんな場面で「ありがとう」といえばいいのかわからず、応用が利かないことになります。

人生の課題に取り組めるように

アドラー心理学では、子どもを叱らず、ほめもせず、「勇気づける」ことをすすめます。子どもを勇気づけるとは、一言でいえば、**子どもが自分の人生の課題に取り組めるように援助するということです。**

人生の課題というのは対人関係のことです。大人だけでなく、子どもにとっても対人関係は悩みの種になるものです。しかし、人はだれも一人では生きていけない以上、対人関係を避けることはできません。**対人関係を避けることなく、何とかしてそこに入っていけるように援助することを「勇気づけ」というのです。**

その勇気づけのために「ありがとう」や、後で見ますが、「助かった」という言葉をかけてほしいのです。しかし、子どもが次の機会にも適切な行動をしてくれると思って「ありがとう」「助かった」というのは、ほめ言葉と何の違いもありませんし、子どものほうもありがとうという言葉を強要してきて、こんな時はありがとうというのではなかったと後悔するようなことが起こります。

まとめ

アドラー心理学では
子どもを叱るのでもほめるのでもなく、
「勇気づける」ことをすすめる。
子どもが自分の人生の課題に
取り組めるように援助することを
「勇気づけ」という。
勇気づけのために子どもに
「ありがとう」の言葉をかけたい。

自己受容で関係を築く

自分に価値がある

カウンセリングにきた人に「自分のこと好きですか?」とたずねたら、「好き」と答える人はいないといっても決して過言ではありません。そんなことをこれまで改まって聞かれたことがないのかもしれません。あまり好きではないどころか、「大嫌い」と答える人も多いです。

自分のことが嫌いと答える人も初めから自分のことが嫌いだったというわけではないでしょう。自分のことを好きではなくなったことには親の影響が大きいといわなければなりません。親は子どもが何か問題を起こした時に、その行為だけではなく、「あなたはどうしていつもこうなの」というふうに過去に遡って子どものあれやこれやの行為を非難したり、子どもの人格を貶《おとし》めるようなことをいったりします。親のそのような言葉を聞いて子どもが自分のことを嫌いにならないとしたら、そのほうが不思議だといっていいくらいです。

なぜ「自分のこと好きですか？」とたずねるかというと、自分のことが嫌いだからといって、この私を他の私に交換することはできないからです。**たとえどんなに癖があっても、これからも自分と付き合っていかなければならないのですから、自分のことを好きでなければ幸福になることができません。**ですから、自分のことを好きになってほしいのです。

ところが、子どもの頃から親からさんざん自分の短所や欠点をいい聞かされて育った子どもは、自分のいいところを思いつかなくなってしまっています。

対人関係は生きる喜びの源泉

自分を好きになってほしい理由はもう一つあります。**自分に価値があり、自分のことが好きだと思える時にだけ「課題」に取り組む勇気を持てるからです。**

たしかに、人と交わると子どもも傷ついたり、裏切られたりするような経験をしないわけにはいきません。一度でもそんな目にあった子どもは人との交わりを避けるようになることがあります。アドラーは「あらゆる悩みは対人関係の悩みである」といっています。こんなにつらい思いをするくらいなら、いっそ一人で生きたいと思った人もあるかもしれません。

しかし、人と関わることで傷つくこと、裏切られること、悲しい目にあうことを避けていれば、だれとも深い関係に入ることはできませんし、**深い関係に入ることができなければ、生きる喜びも得ることはできないのです。**

まとめ

子どもには自分のことを
好きになってほしい。
そうすれば人と関わる
勇気が持てる。
関わることを避けていると
だれとも深い関係に
入ることはできず
生きる喜びも得ることはできない。

短所を長所に置き換える

飽きっぽいのではなく「散漫力」がある

自分の価値を認めることができるように、短所だと思ってきたことを長所と認めることから始めましょう。**短所であると思われることでも、実は長所であると見ることができるのです。**

例えば、相談にこられるお母さん方に、「子どもさんはどんな人ですか」とたずねたら、よく「集中力がない」という答えが返ってきます。しかし、本当は、集中力がないのではなくて、散漫力があるのです。どんな仕事にも散漫力は必要です。だれもいない静かな部屋でしか仕事ができないというのでは困ります。人と関わる仕事の場合は、一人にしか対応できないのでは仕事になりません。同時に複数の人から話しかけられても、的確に応対できなくてはいけないのです。

テレビを見ながら、音楽を聞きながら、家族と話しながら、携帯のメールのやりとりができる子どもを尊敬してください。**集中力がないのではなくて、散漫力があるのだと思ったら、子どもに対する見方が変わります。**

また、飽きっぽいように見える子どもは、決断力があるといえます。今読んでいるこの本は私に向いてないとわかったら、その本を閉じる勇気を持たないといけません。講演会に出かけても、自分に向いてないと思ったら、すぐに帰らないといけません。そういう決断力は私にはないけど、子どもは持っているのだと思えた時、子どもに対する見方が変わりますし、子どもの自分自身についての見方も変わります。

暗いのではなく、優しい

自分のことを「暗い」と思っている子どもは多くいます。しかし、そのような子どもは、いつも自分の言動が他の人にどう受け止められるかということに敏感です。人から嫌なことをいわれたりされたという経験をたびたびしてきたからです。ですから、少なくとも、故意に人を傷つけるようなことをしたりいったりはしません。明るいといわれる子どもは、たしかに積極的で友だちも多いでしょうが、一方で、自分の言動がまわりの人にどんな影響を及ぼすかということについては無頓着であることがあります。

もちろん、皆がそうだというわけではありませんが、自分の言動を常に意識し、人を傷つけることがないように配慮できる人は、自分のことを「暗い」と思っているかもしれませんが、「暗い」のではなく「優しい」のです。**自分のことをそのように思えたら、自分に価値があると思え、自分のことを好きになれます。**

まとめ

短所だと思われることでも
実は長所と見ることができる。
親の子どもに対する見方が変われば
子どもの自分自身についての
見方も変わる。
自分に価値があると
気づくことができれば、
自分のことが好きになれる。

貢献感を持てる援助

貢献感がある時、自分を好きになれる

すでに持っている子どもの性格を見直すことで、自分に価値があると思え、自分のことを好きになれる援助ができることを先に見ましたが（120ページ）、親から自分の長所を指摘されて長所を受け入れるというのであれば、他者からの評価に振り回される子どもとあまり違いません。人からの評価を気にかける子どもは、よくいわれたら喜び、悪くいわれたら悲しんだり、憤慨します。自分の価値は他者からの評価に依存しません。悪い人だといわれたから悪い人になるのでも、反対に、よい人といわれたからよい人

になるわけでもないのです。

ですから、**自分の短所を長所に置き換えることで自分を好きになるというのも、自分で納得するのでなければ意味がありません。**自分について他者から何もいわれなくても自分に価値があると思え、自分を好きになれる積極的な方法があります。

どんな時に自分に価値があり、そんな自分のことが好きになれるかというと、自分は役立たずと思っていたけれど、**こんな私でも役に立てていると思える時、自分に価値があると思え、そんな自分のことが好きになれるのです。**そのように思えるように子どもに「ありがとう」とか「助かった」という言葉をかけるのです。

カウンセリングの間、待っていた子どもを「えらいね」とか「よく待てたね」というふうにほめるのではなく、「ありがとう」というのは、子どもに貢献感を持ってほしいからなのです。ぐずぐずいったり騒いだりしなくても、静かにしていれば貢献できることを学んだ子どもは、次回も静かに待てるでしょう。

課題に取り組む勇気を持つ

自分が役に立てていることがわかれば、そんな自分に価値があると思え、そんな自分を好きになることができれば、課題に取り組む勇気を持てるのです。

アドラーが、「あらゆる悩みは対人関係の悩みである」といっていることは先にも見ました。小さな子どもでも友だちとの関係に行き詰まるということはありえますし、そもそも親が子どもを叱らないといけないというようなことがあるということは、親子の対人関係に何かしらの問題を子どもが感じているからに他なりません。

そこで迂遠《うえん》なことのように思えるかもしれませんが、子どもに**「ありがとう」とか「助かった」という言葉をかけることで子どもが貢献感を持てれば、人との関わりを避けたり、親を困らせるような方法で自分を認めてもらおうとはしなくなります。**

まとめ

子どもは自分が
役に立てていると思える時
自分に価値があると思え、
そんな自分のことが好きになれる。
子どもに「ありがとう」や
「助かった」という言葉をかけることで
貢献感を持てるようにする。

基本的信頼感を持てるように

行動だけでなく存在に注目

このような言葉を適切な行動をしたときにかけるだけでは十分ではありません。子どもが存在していること、生きていることに注目し、**たとえ何をしていなくても生きていることそれ自体がすでに親やまわりの人に貢献しているということを教えたいのです。**

もうずいぶん前のことですが、息子が小学生の時、校長先生から電話がかかってきました。子どもが通っている小学校の隣の校区にある小学校で、ある子どもがうっかりと足を滑らせ、焼却炉に転落してしまったというのです。高学年の子どもであれば、落ちてもそこから這《は》い上がれるのですが、一年生で低学年の子どもでしたから（これは後に判明しました）、自力で這い上がれませんでした。焼却炉に子どもがいることに職員が気づかずに火をつけてしまい亡くなられたのでした。校長先生は、「隣の校区の小学校なので、うちの学校の子どもではないと思うが、保育園時代の子どもたち同士の交流がなかったとは限らないから安否を確認するように」というのです。

そこで、私は電話をしました。変な電話です。自己紹介して、「今日は帰っておられますか」とたずねたのですが、このようなことを普通は電話でたずねたりはしません。近くに子どもさんがおられたらいいのですが、そうでなければ子どもが学校から帰っているかを確かめ、「帰ってます。でも、それがどうしたんですか」といわれるので、「実は」と話を切り出しました。

亡くなった子どもさんには申し訳ない気持ちで一杯でしたが、日頃は、宿題もしないし、学校にも行かないし、歯も磨かないような子どもでも、そんなことはどうでもいいではないかと多くの親は思ったはずです。生きていることがそれだけでありがたいのです。

引き算ではなく加算

その生きていることをいわばゼロとすれば、何でもプラスと考えることができますから、どんなことについても声をかけることができます。**子どもが、親は自分のことをちゃんと見てくれていると思うようになれば、やがて問題行動をしなくなるはずです。**

決して理想の子どもを頭に描き、その理想から現実の子どもを引き算するのではなく、**生きていることをゼロとして、何でもプラスと考えて加算して、子どもたちを見る**ことができれば、生きていることで貢献していると考えることができ、どんな子どもにも必ず声をかけることができます。

まとめ

子どもが生きて存在していること、
それだけでありがたい。
生きていることをゼロとしたら
あとは何でもプラスと考えて加算して
子どもたちを見ることができる。

普通であることの勇気

よくならなくても悪くならなくてもよい

行動ではなく存在に注目することが必要なのは、何か特別なことができなければ親や大人に認めてもらえないと思う子どもがいるからです。最初は特別よくなろうとして親からほめられようとします。ところがそうすることに成功しなければ、子どもは一転して特別に悪くなろうとします。

どちらでなくてもいいのです。アドラーは「普通であることの勇気」という言葉を使います。これは平凡であれという意味ではなく、**よくなることも悪くなることも必**

要ではない、あるがままの自分でいいのだと思える勇気を持つということです。

これは決して何もしなくてもよいという意味ではありませんが、まずは出発点として、今の自分がそのままで親をはじめとして家族に貢献していると思ってほしいのです。そのように思えるためには勇気がいります。しかし、このままでいいと自分について基本的な信頼感を持てなければ、子どもは特別になろうとし、よくなることや悪くなることで自分の価値を証明しようと思うのです。どんなことでも、証明しなければならないと思った時には行きすぎになってしまいます。

今のままではいけないかもしれませんが、まずは**ありのままの自分を受け入れることが必要です。これを「自己受容」といいます。**自己受容は自己肯定とは違います。

自己肯定は、例えば自分がすべての人から好かれているというようなことを思い込もうとすることです。もとより、すべての人から好かれるというようなことはありえません。また、できもしないのに、自分はできると思い込もうとします。自己受容はこ

れに対して、できないという自分をありのままに認め、できるようになるべく努める
ことです。

子どもに寛容になるために

子どもをそのありのままの状態で認めることができれば、たとえ子どもが親の理想とは遠く離れていても気にならなくなります。勉強していなくても、学校に行ってなくても、とにもかくにも生きているということに喜びを感じられたら、親の子どもへの要求水準は低くなります。

そのようであれば、どんなことにも「ありがとう」と声をかけることができます。

息子が小学生だった時、ある夜、息子が「今日はありがとうな」と声をかけてきたことがあって驚きました。その日特別に子どもに何かしたわけではないので私は驚いたのですが、息子は一緒に過ごしたことに「ありがとう」といったのでした。

まとめ

よくなることも悪くなることも必要ではない。

普通のありのままの子どもを受け入れることができれば、たとえ理想とは離れていたとしても気にならなくなる。

とにもかくにも生きているというそのことに喜びが感じられる。

子どものライフスタイル

ライフスタイルと「私」

先に「嫌いだからといって、この私を他の私に交換することはできない」と書きました（115ページ）。私は換えられなくても、**私が自分や他者をどう見るかを変えることはできます。アドラー心理学では、これを「ライフスタイル」と呼んでいます。**これは普通には「性格」というものと同じですが、性格というと生まれつきのものであるとか、変えにくいというイメージがつきまとうので、「ライフスタイル」という言葉を使っています。

「私」が「ライフスタイル」を選ぶのです。その選択は一度きりではありません。まず、いつ頃決めたかといえば十歳前後でしょう。それ以前はいろいろなライフスタイルを選んでいたはずですが、その後は変えることはあまりありません。というのも、他のライフスタイルを選ぶと、たちまち何が起こるかわからないので、不自由で不便であってもこのライフスタイルで生きていこうと思うのです。自分や他の人をどう見るかは人によって違いますが、アドラー心理学ではどう見るかということについて明確な提案をします。

自分をどう見るか

先にも見たように、人は一人で生きていけない以上、対人関係を避けることはできません（112ページ）が、人と関わればいいことばかりではなく、それどころか深く傷つくようなことを体験することもあります。

それにもかかわらず、**自分には人との関係の中に入っていき、たとえ問題が起こってもそれを解決する能力があると思ってほしいのです。**そのように思えない子どもは、人前に出ると緊張するというような理由を持ち出して人の中に入っていこうとしません。

他者をどう見るか

このような人は、他者のことを、うかうかしていると自分を陥《おとし》れようとする怖い人だと見ています。人から裏切られたりするというような目に実際あったのかもしれませんが、そのような経験をしたから人と関わるのをやめようと思ったのでなく、人と関わらないようにするために他の人を怖いと見るようになったというのが本当です。

しかし、これもすでに見たように、他者に貢献していると感じられる時にだけ、自分には価値があり、人との関係に入っていく勇気を持てる（116ページ）のですが、他の人を怖い人だと思っていれば貢献しようとも思いません。ですから、**他の人のことを、必要があれば自分を援助する用意がある仲間だと見てほしいのです。**

まとめ

子どもには、
自分には人との関係の中に入っていき、
問題を解決する能力があると
思ってほしいし、他の人のことを、
必要があれば自分を援助してくれる
仲間だと見てほしい。

ライフスタイルを変えるために

いつでも変えられる

ライフスタイルは自分で選んだものなので、いつでも変えることができます。すれ違いざまに目をそらす人を見て自分を避けようとしていると思うとすれば、そう思うことでそれ以上その人との関係に入っていかないという決心をしているのです。関係が生じなければ、その人から嫌われるというような目にもあいません。もっと積極的に自分の魅力を訴えようと思っても自信がないので、このような時にいつも積極的にならない自分のライフスタイルを不自由で不便であると思っていても、**今のライフス**

タイルを別のものに変えると、たちまち次の瞬間に何が起こるかわからないので、ライフスタイルを変えようとはしないのです。

そこで、ライフスタイルを変えるためには、ライフスタイルを変えないという不断の決心をやめることが先決です。

次にどんなライフスタイルを選べばいいかを知る必要がありますが、これについてはすでに見てきたように、他者を仲間だと思い、その仲間に貢献することで自分に価値があると思え、他者との関係に入っていけると思えることをアドラー心理学では推奨します。

先に見たように、子どもがライフスタイルを選ぶのが十歳前後であるとすれば、多くの子どもは幸い親とは違って、このライフスタイルで生きていこうという決心をまだしていませんから、**変わろうとする決心をすれば、親よりはたやすく変わるでしょう。**

親が仲間になるために

子どもがライフスタイルを変えるためには、親はどんな援助ができるでしょう。親が子どもの仲間になることです。**たとえ他にだれも子どもの仲間がいなくても、親だけは自分の仲間であると思えたら、その子どもは必ず変わります。**

ところが、子どもを叱ると子どもは親を仲間とは思えなくなります。自分を叱る親との関係は決して近くはならないからです。

他方、子どもは自分をほめる親を仲間と思うかもしれませんが、いつもほめられてばかりいると、自分には課題を解決する力がないと思うようになります。ほめるということは、できないということを前提にしているからです。

親が子どもにはとうていできるはずはないと思っていたことを、思いがけずできたと思って「えらいね」とほめるのですから、そのようにいわれても、子どもは少しもうれしくはありませんし、自分をほめる親を子どもは自分の仲間とは思えなくなるのです。

まとめ

まずは親が子どもの仲間になること。
親を仲間だと思えたなら、
その子どもは必ず変わる。
他方、叱ったりほめたりする親を
自分の仲間だとは思えない。

共同体感覚の育成

自分への関心から他者への関心へ

叱られて育った子どもは、何かをする時に叱られはしないかということばかり気にして人の顔色を見るようになります。自分を叱る人を初めとして、他の人を仲間だと思えなくなった子どもは他者に貢献しようとは思わなくなり、叱られないようにしようとするため、自分のことしか考えられなくなります。

ほめられたいと思う子どもも、自分がすることが他者に貢献するということには関心はなく、ただほめられることだけを考える、つまりは自分のことしか考えない子どもになってしまいます。

このような自分にしか関心を持たない子どもには、他者に関心を持てるように援助することが必要です。アドラーは**子育てや教育の目標は共同体感覚の育成であるといっています。**日本語では「共同体感覚」と訳されるこの言葉の英語訳は「social interest」といいますが、これは「他者への関心」という意味です。**自分への関心（self interest）を他者への関心に変えることが、共同体感覚の育成ということの一番基本的な意味です。**

失敗を恐れない

自分のことにしか関心を持っていない子どもは失敗を恐れます。課題に取り組み、課題を解決することよりは、解決できなければどう思われるかを気にするようになります。評価を気にするので、課題に取り組むことすらしなくなることもあります。課題に取り組まなければ、もしも課題に取り組んでいたらできたのにという可能性を残すことができるからです。

他方、**勇気を持った子どもは、人からどう思われるかを気にしませんし、課題を解決することで自分をよく見せようともしません。**なぜなら、関心は自分に向けられているのではなく、他者に向けられているので、課題を達成することだけに関心があるからです。そのような人にとっては課題を取り巻く対人関係はどうでもいいのです。

課題が与えられたらできることから始め、失敗すればもう一度やり直せばいいと考えています。失敗した時にもはや挑戦しなくなるのは、人からどう思われるかということから意識が離れないからです。

もしも子どもが評価されたり、失敗したりすることを恐れなくなれば、他者との競争からも自由になれます。共同体の中にあって他者から援助され、自分も他者に貢献しようというアドラーの考えは、競争ではなく協力関係を前提とします。

まとめ

人との関係に入っていく
勇気を持った子どもは
人からどう思われるかを気にしない。
課題が与えられたら
達成することだけに関心があり、
失敗や人の評価を恐れない。
他者との競争からも自由になれる。

基本的欲求としての所属感

共同体の中心にいるのではない

他者に関心を持てるように援助することは簡単なことではありません。アドラー心理学では、所属感は人間にとって基本的な欲求だと考えています。これは、ここにいてもいい、例えば、**家族や学校、職場という共同体に自分の居場所があると感じられることです。**

しかし、共同体に所属するということは、共同体の「中」にいるということであっても、共同体の「中心」にいるということではありません。**自分が共同体の中心にいるわけ**

ではないことを知っている子どもは、他者が自分に特別の注目を向けなくても不平をいったりはしません。

他者に何ができるか

ところが、自分が共同体の中心にいなければならないと考える人がいます。そのような人は、他者が自分のために生きていると思っているのです。そこで、他者が自分の期待を満たさなければ憤慨します。

たしかに、子どもは最初は親からの全面的な援助がなければ片時も生きていくことはできません。そうして、親の援助を受けているうちに、自然に自分が共同体の中心にいると考え始めます。自分にしか関心を持たなくなった子どもは、他の人は自分に何をしてくれるかということばかり考えるようになります。

行動の面だけでなく、自分の視点からしかものを考えられない人は、他者も必ず自分と同じように思い行動していると考えます。そこで、自分には思いもつかないような考えをする人がいると、そのような人のことがまったく理解できないので、そのような人を排除してしまいます。自分が理解できない人との共存は絶望的に困難なことになってしまいます。

しかし、**他者に関心がある人は、他者が自分に何をしてくれるかではなく、自分は他者に何ができるかということに関心を持っているのです。**

だれもが自分一人で生きているわけではないので、他者からの援助が必要です。しかし、自分もまた、ただ受けるだけでなく他者とのつながりの中で他者に貢献できていると感じられなければなりません。

そのようにして**他者に貢献できていると感じることができれば、子どもは自分に価値があると思え、対人関係を避けることなく、そこに入っていく勇気を持つことができます。**そのような勇気を持てるように援助することを「勇気づけ」というのです。

まとめ

自分が共同体の中心に
いるわけではないことを
知っていると、
他者が自分に
何をしてくれるかではなく、
自分が他者に
何ができるかを考えられる。

自分で考える

あのね、お父さんは そんなことは心配しなくていいんだ

息子が小学生だった頃、息子は首から鍵をぶら下げて登下校していました。家に帰っても誰もいなかったからです。ある朝、いつも首に掛かっているはずの鍵がないことに気づきました。私は鍵を忘れているのであれば、学校から帰った時、家に入れなくて困るのではないかと思い、「鍵を持ってないようだけど大丈夫なの」と声をかけました。息子は答えました。「あのね、お父さんはそんなことは心配しなくていいんだ」。万が一、鍵を忘れた時のためにランドセルの底にスペアキーを入れていたのでした。

第5章

《アドラーの子育て論》

子どもの自立を助けよう

中性の行動

問題行動とは

これまでのところで私は問題行動という言葉を使ってきましたが、実はこの言葉を使うことにはためらいがありました。どんな行動を問題行動というかを定義してこなかったからです。

ここではっきりしておくと、問題行動とは「共同体（家族、職場、学校、地域など）に対して実質的な迷惑を及ぼす行動」のことです。

実質的な迷惑をかけるのでなければ問題行動とはいえないわけですから、子どもが勉強しなければ、そのことを親はイヤだと思うかもしれませんし、勉強しない子どもを叱るかもしれませんが、そのことで親に実質的な迷惑をかけているわけではないので、勉強をしないことは問題行動とはいえないことになります。

そうすると、叱ることは注目することになるので注目してはいけないと先に書きましたが（29ページ）、**親が子どもを叱る時、その行動は、問題行動ではない場合が多いのです。**ということは、そのような行動には注目してはいけないというよりは、そもそも注目する必要がないといったほうが適切であるわけです。

問題でも適切でもない行動

それでは共同体に実質的な迷惑をかけない行動はすべて適切な行動かといえば、そうではありません。勉強しなければ本人だけが困りますが、他の人は困らないのですから、勉強しないことは問題行動ではありませんが、さりとて勉強しないことは適切な行動であるとはいえません。授業を聞かなければそのことで自分だけが困るとはいえ、教師であればそれを放置していいはずはありません。そこで、このような行動を問題行動でもなく、適切な行動でもない「中性の行動」ということにします。

親や教師は勉強しないこと、忘れ物をすることのような中性の行動に「問題行動」というレッテルを貼ってしまいます。子どもが電車の中で大きな声を出すというような、人に迷惑をかけるようなことをした時には、何もしないわけにはいきません。これは親の注目を引こうとしているのだから注目しないでおこうと考えて何もしなければ、親の良識が疑われてしまいます。しかし、**中性の行動に対しては、本人の意志を尊重し、頼まれもしないのに介入する権利はありませんし、叱る必要もありません。**

中性の行動にはどう対処すればいいのか、また、そもそもどの行動が中性の行動なのかを知るために、課題の分離と考え方について次に考えてみましょう。

まとめ

勉強しなかったり
忘れ物をするなど、
本人は困るけれど
親に迷惑をかけるわけではない
行動を「中性行動」という。
このような行動に対しては
子ども本人の意志を尊重し、
親が叱る必要はない。

課題の分離

だれの課題なのか

あることの最終的な結末がだれにふりかかるか、あるいは、**あることの最終的な責任をだれが引き受けなくてはならないのかを考えた時に、そのあることがだれの課題であるかがわかります。**

例えば、勉強する、しないは、だれの課題でしょうか。もしも勉強しなければその結末は子どもにのみふりかかり、大人にはふりかかりません。あるいは、勉強しないことの責任は、子どもが引き受けなくてはいけないのであって、大人が子どもに代わってそのことの責任を引き受けるわけにはいかないのです。

忘れ物がないようにするというのも子どもの課題です。学校の先生はよく、忘れ物がないように持ち物のチェックをしてくださいといいます。親がきちんとチェックしている限り、子どもが忘れ物をすることはありませんが、親が朝忙しく、持ち物のチェックをおこたると、忘れ物をしてしまいます。学校から帰ってきた子どもはこういうのです。

「お母（父）さんが忘れ物がないか見てくれなかったから忘れ物をした」

子どもがこのようなことをいった時、課題という言葉を使わなくても、「忘れ物がないようにするのはあなたの課題でしょう」というような言葉をかけた経験のある人は多いのではないかと思います。

小さな子どもであれば自力で忘れ物がないかをチェックできないでしょうが、**大人が思っているより早い時期に自分でできるようになっているはずなのです。**それなのに、いつまでも親が子どもの課題を肩代わりすれば、子どもはいつまでも自立することはできません。

他者の課題に踏み込むことがトラブルを招く

親子関係も含めて、**あらゆる対人関係のトラブルは、人の課題に土足で踏み込むこと、あるいは、踏み込まれることから起こります。**親は当然のように子どもに「勉強しなさい」といいますが、「勉強しなさい」といってはいけませんし、そもそも勉強は子どもの課題ですから、「勉強しなさい」といえないのです。ですから、親は子どもの勉強についてては何もいわなくていいのです。

「でも、勉強しなさいといわないと子どもは勉強しないのでは」と多くの親は心配します。おそらく、しないでしょう。やがて自分の判断で勉強しようと思うようになるまでは親は静観するしかありません。

まとめ

勉強する、忘れ物をしないなどは
子どもの課題で、
親がその責任を引き受けることはできない。
子どもは親が思っているよりも早く
自分でできるようになっているはずなので
子どもが自分でやろうとするまで
親は静観していればよい。

子育ての目標は自立

子どもの課題に口出ししない

子どもに勉強することを強いてみたところで、子どもは学ぶ喜びを知るようになるとは思いませんし、親のいうことを聞いて勉強をしていい成績が取れたとしても、親に負けたことになると思った子どもは、勉強をやめてしまうかもしれません。

これまでも親が子どもに「勉強しなさい」といってきて勉強しなかったのであれば、この先同じことを続けても子どもが改心して勉強するようになるとは思えません。それなら、**一度何もいわなければどうなるかを試してみる価値はあります。**

ある母親は子どもの勉強には一切口出しをしないでおこうと決心しました。すると、たちまち子どもとのコミュニケーションがまったくなくなってしまいました。それでいいと思うのです。その上で、勉強以外のことで何か話題を見つけて話し、そうすることで仲良くなればいいのです。

自立に向けての援助が親の課題

私は小学生の頃、校区の外れに住んでいました。子どもの足で三十分ほどかかりましたから、一度家に帰ったら二度と外出することはありませんでした。ある日、友だちから電話がかかってきました。これから遊びにこないかというのです。

私は近くにいた母に、これから遊びに行ってもいいかたずねました。母は答えました。「そんなことは自分で決めてもいいよ」と。その母の答えを聞いて私は、それまで何でも母に決定を委《ゆだ》ねていたことに思い至りました。友だち関係も子どもの課題です。親も立ち入ることはできません。遊びに行くかどうかは自分で決めることであることを初めて知りました。

友だち関係も子どもたちの課題ですから、親は、基本的には子どもがだれと付き合うかについて口出しすることはできません。小さい子どもであれば、「この子と遊んであげてね」といえるかもしれませんが、小学生なら、子どもの交友関係に口を挟むことはできません。**いつもだれの課題かを考えて、親の課題と子どもの課題を分けていかないといけません。そうしないと、子どもたちが本来自分でしなくてはならない課題をしなくなります。**

小さい子どもは何から何まで手を貸さないと生きていくことはできません。しかし、少しずつでも親の援助がなくても自分でできることが増えていってもらわないと困ります。**子どもが自立することが子育ての目標です。**ところが、子どもが自立したくないと思っていることもあれば、親が子どもの自立をさまたげていることもあるのです。

まとめ

勉強するのも友だち関係も
子どもの課題なので
親は口出しできない。
子どもが、親の援助がなくても
自分でできることが増えて
自立することが子育ての目標。

共同の課題にする

手続きを踏む

子どもの課題には親は一切口出しをする必要はありませんが、決して口出しできないというわけではありません。**本来子どもの課題であっても、手続きさえ踏めば、親と子どもの「共同の課題」にすることはできます。**しかし、何でもかんでも共同の課題にできるわけではありません。親もしくは子どもが共同の課題にしたいと依頼し、もう一方が共同の課題にしてよいと了承すれば初めて共同の課題になります。

具体的にどうすれば共同の課題にできるかといえば、例えばこういいます。

「最近のあなたの様子を見ているとあまり勉強しているようには見えませんが、一度そのことについて話し合いをしたいのですがいいですか？」

介入ではなく援助

親がこのようにいった時に子どもが援助を求めてくれれば、親は可能な範囲で子どもを援助することができます。しかし、大抵はそんなことをいっても、「放っておいてくれ」といわれるでしょう。そんな時はこういうのです。

「事態はあなたが思っているほど楽観できる状況だとは思わないけれど、またいつでも力になるからその時はいってね」

だれの課題か、そして親と子どもの関係は対等であることがはっきりと理解されていなければ、援助ではなく、介入になってしまいます。「あなたのため」といって、子どもの課題に親が介入するケースがあまりに多いように思います。親子の関係が対等で、課題が分離できていれば援助ですが、親子の関係が上下関係であり、かつ課題の分離がされていなければ介入になってしまいます。

今の世の中、愛情不足の子どもはいません。親の側でいうと、愛情過多、子どもの側でいうと愛されているのに愛情飢餓の子どもばかりです。ですから、**親が共同の課題にするよりも、子どもが自分の課題を自力で取り組む援助をすることのほうが大切です。**

これは、親にとっては難しいことです。口を挟み、子どもの課題に介入するほうが楽です。子どもが困っていたら、親が援助を申し出てもいいと思うのです。しかし、友だちであれば相手の課題に土足で踏み込むようなことはしません。親子と違って適度な距離があるからです。もちろん友だちですから、相手が困っている時にそのことに無関心でいることはありません。親も、子どもだからといって、子どものの課題に土足で踏み込めば、きっと親子関係は悪くなります。自分の課題に踏み込まれた子どもはそのことに抵抗すればいいのですが、自分では何もしなくていいと思い込んだり、自分の責任を親に転嫁することもあるでしょう。

まとめ

子どもの課題でも、
親が援助を申し出て
子どもがその援助を必要とするなら
共同の課題とすることができる。
だが、土足で踏み込むように
勝手に口を挟むことはできない。

協力して生きる

もつれた糸をほぐす

課題の分離について学んだ親の中に、何でもかんでも親の課題と子どもの課題とを分け、子どものことには一切口出ししなくなる親がいます。

いわば糸がもつれてしまったようになっていて、現状では親の課題なのか、それとも子どもの課題なのかがわからなくなっていることが多いので、**これは親の課題、これは子どもの課題というふうに課題を分離することが必要です。**

親は子どもに「あなたのためを思って」といって勉強させたり、後には進路や結婚相手にまで口出しをして、子どもの課題に介入しようとしますが、本当は子どものためではなく、親自身のためでしかありません。課題を分離し、親が子どもの課題に介入することを断念さえすれば、それだけで問題が解決してしまうことがあります。

援助され、援助する

とはいえ、課題の分離は最終の目標ではありません。**人はだれも一人では生きていくことはできません。だれかに援助され、他の人を援助する必要があるからです。**

自分の課題であり、かつ自力で取り組めることまで他者に援助を乞うのはただの甘えでしかありませんし、子どもができることにまで親が介入するのは甘やかしです。本当に自力ではできないことについて、子どもからの援助の依頼があった時にだけ援助をするというのでなければなりません。

親も子どもの課題であれば、何もしないで静観することが必要です。とはいえ、子どもの課題だから必ず子どもにやらせるというような発想は親子関係を窮屈なものにします。そもそも子どもの課題であれば、それを親が「やらせる」のはおかしいでしょう。

一般の対人関係についても同じことがいえます。立ち上がるのに難儀をしている人を見た時に、さっと手を差し伸べることが、相手の自立心を損なうことになるとは思いません。援助された人も、差し出された手を握って立ち上がったからといって依存的になるわけではありません。

課題の分離は最終目標ではなく、協力して生きることが最終目標です。課題が分離されているからこそ協力することができますが、子どもの課題であれば、それを自分で「やらせる」ことで子どもの自立を促そうと考える人が多いように思います。しかし、「やらせる」ことで子どもを自立させることはできません。親から「自立させられた」子どもは、自立したことにならないからです。**親ができることは子どもが「自立する」のを援助することだけです。**

まとめ

だれかに援助され、
自分も他の人を援助するというように
親子が協力して生きるのが最終目標。
そのためには親も子も
自立している必要があるが、
親が子どもを
「自立させる」ことはできない。
親にできるのは、子どもが
「自立する」のを援助することだけだ。

言葉で解決する

ああいうのは本当の強さとはいわないなあ

ある日、息子と家に遊びにきていた息子の友だちが話をしていました。よくけんかをしてまわりの友だちや先生、親を困らせている友だちのことが話題になっていました。「○○君は、強そうに見えるけど、ああいうのは本当の強さとはいわないなあ」。「うん、僕もそう思う」。「本当の強さって何？」と、私は思わず聞いてみたくなりました。何か問題が起こった時、力でなくても必ず言葉で解決できます。「本当の強さ」について話している子どもたちから、大人のほうが学ぶことが多いように思いました。

第6章

《アドラーの子育て論》

子どもと
よい関係を築こう

子どもを尊敬しよう

尊敬するのに理由はいらない

これまでの章で、叱る、ほめるという伝統的な子育ての問題点を指摘し、それに代わる勇気づけという子どもと関わる方法について見てきましたが、ただ、今ある問題をなくすだけでは十分ではありません。ここでは、親子がどんな関係であればよい関係といえるかを考えてみましょう。

私たちの子どもがどんな子どもであれ、子どもとの縁を切るわけにはいきません。私たちの目の前にいる子どもは唯一無二であり、決して他の子どもに換えることはできません。**子どもをありのままで受け入れることが子どもを尊敬するということです。**

実際には、親は子どもにこうあってほしいと期待し、親の理想を押しつけています。親はその理想から現実の子どもを引き算するので、子どもがどれほど適切な行動をしても親はそれを認めようとしないことになります。

子どもを尊敬するのに理由はいりません。問題があろうが、親の理想と違っていようが、子どもが生きているということがそれだけでありがたいのです。親が子どもをこのように見れば、子どもは何か特別のことをしなくてもいいと思えるので、特別によくならなくても、悪くならなくてもよいこと、親の期待を満たさなくてもよいということを学ぶことについては先にも書いたとおりです（130ページ）。

親がまず子どもを尊敬する

このような尊敬をまず親が子どもにするのです。この世で強制によっては得られないものが二つあります。一つは愛であり、一つは尊敬です。「私のことを愛しなさい」といわれたからといって愛せるはずはありません。尊敬も同じです。親は子どもから尊敬され、愛される人であるように努めることしかできません。

親子関係を含めて、人と人との関係は一方通行です。あなたが私を尊敬するなら、私を愛するならあなたを尊敬しよう、愛そうというのは取引です。対人関係は取引では決してないのです。

尊敬のことを英語では「respect」といいますが、**この言葉の元の意味は「ふりかえる」ということで、普段、忘れてしまっていることを思い出すということです。**「この子どもはかけがえのない人だ」「この子どもと私は今はこうして一緒にいるけれども、やがていつか別れなければならない日がくる」ということを忘れています。だから、「それまでは毎日を大切にして、仲良くし、心から尊敬して生きていこう」ということを、日々思いを新たにしたいのです。**子どもが自立する日が子どもと別れる日です。**

まとめ

まずは親が
子どもをありのままに
受け入れて
子どもが生きている
ということの
ありがたさを思い
心から尊敬したい。

子どもを信頼しよう

信頼と信用との違い

信用とは、信じる根拠がある時に信じることであるとすれば、**信頼は無条件です。信じる根拠がない時に信じることです。**

子どもが「明日から勉強する」といったら、その言葉を疑わず、信じましょう。「そんな言葉は聞き飽きた」というようなことをいってはいけないのです。もちろん、これまで何度も裏切られている親は子どもの言葉を信じることはできないでしょうが。

そもそもすべてが明々白々に知られているのであれば信じる必要はありません。信頼するというのは、目下起こっていることや、これから起こることについて未知なことがある時、その知られていないことを主観で補うことです。直接の知識、あるいは信じる根拠がある時にだけ信じるのは「信頼」とはいえません。

ありのままを見ていない

未来のことについては、何が起こるかわからないので信じられないということがあるとしても、それでは現在の事実であれば全面的に信じられ、不信の余地がないかといえばそうではないでしょう。

実のところ、**親は子どもの「ありのまま」を見ていないのです。**子どもがある日勉強しなくても、日頃から勉強する子どもであれば、親は「今日は勉強しなかったが、たまには休むことも必要である」と思ったり、今日は例外であり、今後も勉強をしないとは思わないでしょう。

しかし、同じようにある日勉強をやめたとしても、親が日頃から勉強に熱心でないと見てきた子どもであれば、今後も同じことが続くのではないかと思うかもしれません。たとえその日だけ勉強しなかったのだとしても、この先もずっと勉強しないという判断をするかもしれません。その際、子どもが「明日は勉強する」といっても、この子どもの言葉を信じることはできないでしょう。

大人は「事実」を見るのではなく、事実に「意味づけ」をしているのです。大人が「この子どもは信じられない」と思っていれば、この意味づけから子どもの行動を見るので、子どもが何をしても親は子どもを信じることはありません。

このように大人が子どもを信頼できないのは、子どもがいうことが未来のことだからであるというだけではなく、**現在の事実をどう意味づけるかによって子どもを信じられなくなるのです。**

まとめ

大人は子どもの「ありのまま」を
見ていない。
これまでの行動から
事実に「意味づけ」をして見ている。
信じる根拠がある時だけ
信じるのではなく、
子どものことを無条件に信じたい。

なぜ信頼は必要か

貢献感を持つために

なぜ信頼関係を築くことが必要なのでしょう。**大人に不信感を持っている子どもは、世界全般に対する信頼感を持てずにいます。**この世界は危険なところであり、まわりの人は隙《すき》あらば自分を陥《おとしい》れようとしている敵である、と考えているのです。

そのような子どもは人と関わることを恐れ、友人を積極的に作ろうとしません。人と関われば嫌われたり、裏切られたりして、つらい思いをすることを知っているからです。

しかし、他の人を敵と見なして関わろうとしない子どもは、他の人に役に立つことをする機会もないので、貢献感を持つことができません。先にも見たとおり、自分は役立たずではなく役に立てていると思える時、自分に価値があると思え、そんな自分のことが好きになれるのです。他の人と関わろうとせず、他の人に役立とうとはしない子どもは自分を好きになることはできません。

親が子どもの仲間になる

そこで、親はたとえ子どもが他の人を敵だと思っているとしても、他の人はともかく**自分だけは子どもを信頼し、子どもにとっての仲間になってほしいのです。**この世界にたった一人でも信頼できる仲間がいるのとそうでないのとでは大違いです。

もっとも、一度他者や世界への信頼感を持てなくなった子どもは、親がそれまでとは違って子どもを全面的に信頼するという決心をして接しても、親を容易に信じることはないかもしれません。

しかし、子どもがどんなに揺さぶりをかけてきても、親が無邪気に子どもを信じ続ければ、子どもはそのような親を裏切ることはできないでしょう。

私は大学で哲学を学んだのですが、父はそのことに猛反対をしました。父は普通の人が歩むような人生を歩み、願わくば人生で成功を収めてほしいと思っていたようです。哲学などという学問を学ぶとは、もっての他と思っていたのでしょう。

しかし、父は私には直接何もいわず、母に反対するようにいいました。その時、母は父にこういいました。

「あの子がすることはすべて正しい。だから何もいわないで見守りましょう」と。**私がすることを無条件に信じてくれた母は私にとって力強い仲間でした。**自分が親になった時、母が子どもを信頼していたことを折に触れて思い出しました。

まとめ

子どもを
無条件に信頼したい。
どんなときも
信頼してくれる親は
子どもにとって
力強い仲間になる。

何を信頼するのか

課題を達成できると信じる

それでは、どうすれば子どもとの信頼関係を築くことができるでしょうか。子どもが「明日から勉強する」といっても、大人は子どもの言葉を信頼することができません。その言葉をこれまでに幾度となく聞いてきたからであり、そのたびに落胆を繰り返してきたからです。そのような親は自分が「勉強しなさい」といわないと子どもは決して勉強しないと思っていますが、そうではなく、**自分が何もいわなくても勉強すると信頼したいのです。**

毎朝、子どもを起こしているとすれば、この子どもは自分が起こさなければ決して自分では起きないと思っているからであり、自力で起きられるとは信頼していないからです。実際には、日曜の朝に友達と釣りに行く約束をしている子どもは、親が起こさなくても勝手に起きて出かけていきます。

子どものほうも自力で成し遂げられるという自信がないということもあるかもしれません。大人から見て、子どもが自力では課題を達成できないと見えることもあります。そんな時も、子どもは自分の課題に手出し、口出しをされれば、何もできないと親に見なされていると思い自信を失います。**親から信頼されていると思えれば、子どもは課題に取り組む勇気を持つことができます。**

それでも何とかして子どもの力になりたいというのであれば、「何か手伝えることがあったらいってね」ということはできます。しかし、もしも子どもから助けてほしいという申し出がなければ何もすることはありません。共同の課題にしてほしいという依頼がなければ、子どもを信頼し、子どもの課題に踏み込まないことでしか、子どもの自立を支援することはできません。

苦境を乗り切れると信じる

子どもが落ち込んでいる時、何とか子どもの力になりたいと思って、「何があったの」とあれこれたずねてしまいますが、そっとしておくことも大切なことです。「つらそうね」というような声をかけると、私（僕）は苦境を一人では乗り切れないと思うようになるかもしれないからです。

このような時も「何かできることある?」と声をかけることはできますが、子どもが援助を求めてこなければ何もできません。話を聞くことならできますが、実際に親ができることはないでしょう。**親が何もしなくても子どもは苦境を乗り切れると信じて、見守る勇気を持ちたいです。**

まとめ

親が子どもを信頼することで
子どもは課題に取り組む
勇気を持つことができる。
親は子どもを信じて
見守る勇気を持ちたい。

よい意図があると信じる

子どものよい意図を見る

前に見たように、自分が他の人に役立てていると思える時に、そんな自分のことを好きになれるのですが、他の人を敵だと思っている子どもは他の人に貢献しようとは思わないでしょう。

ですから何とかして、他の人は、もしも必要があれば援助しようとする仲間だと思ってほしいのですが、親が子どもの行動を見て、感情的になって叱るということがあれば、子どもは自分を叱る親を仲間とは思わないでしょう。

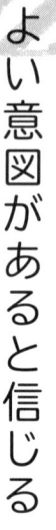

そこで、親は子どもの行動が一見悪意からなされたように見えても、ただちにそのことで子どもを叱らないようにしなければなりません。**子どもの言動に何かよい意図を見つけることができれば叱らなくてすみます。**

よい意図を適切に表現できないだけ

息子が四歳のときに娘が生まれました。夜中に息子と母親が一階にあるトイレに一緒に降りていきました。突然、母親がいなくなったことに気づいた娘が大泣きをしました。しばらくしたら、息子が大きな音を立てて、階段を上がってきました。その時、夜の十時ぐらいだったのですが、階段の真下にある一階の部屋で私の父が寝ていました。大きな音を立てて階段を上がってきたので、注意しようとしたら、息子が僕の発言を制してこういいました。

「もし僕が、大きな音を立てて階段を上がってきたら、お母さんが上がってきたと思って、泣きやむと思った」

子どもの弁明を聞きもしないで、いきなり叱ってしまえば、子どもとの関係はよくはなりません。どんな場合も、**この子どもがこんなことをするのにはきっと何か理由があるのだろうと思って、冷静になってよい意図を探してみましょう。**冷静になれないという人もあるかもしれませんが、自分が冷静になってよい意図を見るようにすれば、子どもの行動は違ったふうに見え、関係は必ずよくなります。子どものよい意図がわかれば、その意図を適切な方法で表現できていないことを教えたり、どうすれば親を怒らせるようなことにはならないのかを一緒に考えることができます。

ここで、よい意図という時の「よさ」は親にとっての「よさ」ではありません。教育、育児の目標は、子どもの自立を援助することです。信頼はその自立を援助するために必須です。課題をしっかりと分離し、子どもが自力でできることであれば手出し、口出しをしないで、自力で課題を達成できる、と信頼したいのです。

まとめ

子どもの言動には
きっと理由がある。
冷静になって
よい意図を探してみると
子どもの行動は
違ったふうに見えてくる。

子どもとの協力作業

わからない時は子どもにたずねる

保育園へ子どもの送り迎えをしていたある日、子どもを保育園に送っていこうと思っても、いつまでもぐずぐずしてなかなか出かけられない、仕事に行かないといけないので困っているのだがどうしたらいいのか、という相談を受けたことがあります。

「それは一度、子どもさんたちに相談してみたら?」というと「そんなことたずねていいのですか?」とその人は驚きましたが、私ではなく**子どもにたずねるのが先決でしょう。**

次の日に会った時、どうだったかをたずねてみました。「教えてもらったとおり、子どもにたずねてみました。『朝、保育園に行く時間が遅くなって困っているのだけどどうしたらいい？』『簡単や。朝早く起きたらいい』。それができないから困っているのにと思ったけれど、さらにたずねました。『じゃあ、朝早く起きるためにはどうしたらいい？』『早く寝る！』。その日、子どもたちは普段はいつまでも寝ないのに、八時になったらすぐに寝てしまいました。今朝、子どもたちは六時に起きてきて、『お母さん、早く保育園に行こう！』といいました」

子どもは親が一番困るタイミングで一番困ることをします。この子どもたちも、そうすることで、親の注目を引こうとしたわけです。仕事に行く親にとって、子どもが朝ぐずぐずすることが一番困ることを知っていたのでした。

親が困ることをして親の注目を引こうとする子どもがいれば、日頃、親が子どもの適切な面に十分注目していないからですが、**親が困った時には、そのことについて子**

どもと相談し、協力を求めていいのです。親と子どもとが協力関係にあることが、親子がよい関係であるということを示しています。

親が一番よく知っている

私はこの相談を受けた時、今何が起こっているのか説明し、助言することもできましたが、親子が問題の突破口を見つけ出せると思ったので、あえて何もいいませんでした。そうしなかったことのもう一つの理由は、私よりも常日頃子どもと密に接している母親のほうが子どものことをよく知っていると思ったからです。もちろん、親といえども子どものことを何でも知っているはずはありません。

知らないことがあってはいけないというのではなく、**知らないことについては、子どもにたずねてもいいわけですし、知らないことについて子どもにたずねることができる関係がよい親子関係であるといえます。**

まとめ

子どもの行動で困った時は
子どもに相談して
協力を求めればいい。
困ったことや知らないことを
たずねることができる関係が
よい親子関係である。

親と子の目標の一致

必ず子どもと相談しよう

親子がよい関係であるといえるためには、これから何をしようとするのかということについて親と子どもの目標が一致していることが必要です。親子関係の場合は、親の目標と子どもの目標のどちらを優先させるかは自明です。

例えば、将来どの学校に行くかということについて親と子どもの目標が一致しないということがあっても、**子どもの人生なので、子どもの目標に一致させるしかありません。**もちろん、親の考えを自分の意見として伝えることはできますが、それを受け入れるかどうかは子どもが決めることです。子どもが幼いからといって、親が子どもの進路を決めることはありますが、親が子どもの人生に責任を持てるとは思いません。

人生の大きな決断だけのことではありません。これから何をするか、どこへ出かけるかということについても絶えず合意を取り付けることが大切です。子どもの考えをいちいち聞いていたら時間がかかると思う人があるかもしれませんが、子どもに相談しなければ、いつまでも自分では何も決められない子どもになってしまいますし、うまくいかなかった時に自分が相談されなかったことを理由にして、親に責任を転嫁するようになるかもしれません。

後に変更可能

目標は、一度決めたからといってずっと同じでなければならないわけではありません。**必要があれば目標を変更することは可能です。**どんなことでも初めからすべてのことを見通すことはだれにもできません。もしも何か思いがけないようなことが起これば、最初に決めた目標に固執することはありません。**行き詰まったところで再考し、決断し直せばいいだけのことです。**一度決めたことは最後までやりとげなければならないという人も多いように見えますが、時には撤収する決断をすることは大切なことです。

今は問題にならないことですが、やがて子どもが大きくなると、好きな人ができて付き合い始めたり、結婚したいと思うでしょう。その時、親は子どもの決断に反対することはできません。だれと付き合うか、だれと結婚するかは子どもの課題であり、子どもの人生なのですから、子どもの人生目標が優先するからです。

しかし、将来的に自分の決断が間違っていたことがわかった時に、親の反対を押し切って一緒になったので、考えを変えれば親に負けたことになると思って、心ならずも結婚生活を続けるというようなことがあれば、子どもにとって不幸であるということは知っておきたいです。

まとめ

これから何かをしようとする時は
親と子どもの目標が
一致していることが必要。
親子の目標が違う場合は、
子どもの目標を優先させる。
また、目標は一度決めても
行き詰まった時には変更すればいい。

これからの子育て

勇気づけの問題

勇気づけは、これまで見てきたように、子どもが自分の人生の課題を解決する能力があるという自信を持てるように援助すること、他の人は仲間であると思えるように援助することです（136ページ）。**子ども自身が、自分の判断で自分の人生の課題に取り組む援助をする**のであり、親が子どもの課題を肩代わりすることも、子どもを子どもが望まないほうへと向かわせることもできません。本書では「勇気づけ」という言葉を使ってきましたが、親の子どもへの働きかけは援助以上のものではなく、断じて操作や支配であってはいけません。

言葉の本当の意味で子どもの自立を援助するためには、最初は親の側に忍耐を要求されるかもしれません。たしかに、何か問題があった時に、子どもを一喝すれば、子どもは問題行動をやめるでしょう。それに対して勇気づけは、手間暇《ひま》がかかるものです。

しかし、本書で提案した子育ての方法を実践すれば、もはや子どもを叱る必要がなくなりますし、子どもの側でいえば叱られる必要がなくなります。いざ目の前で子どもを叱らないといけないと思えるようなことを子どもが始めたら、その時は手遅れといっていいくらいです。

普段から子どもが親にちゃんと見守られていることがわかるように、**ともすれば見逃してしまう子どもの貢献に注目し、それに対して「ありがとう」「助かった」という声をかけていけば、子どもとの関係はめざましく変わります。**

対等であること

子どもを自分の思うように動かすこと、親の期待するような子どもに育てることを子育ての目標にしないためには、親が大人と子どもは同じではないが、対等であると見なければなりません（100ページ）。このことがわかれば、子育ての技術的なことは後からついてくるといっていいくらいですが、反対に技術を応用問題の答えを覚え込むように学んでも、対等であるということが理解されなければ、子育ての技術は有害なものになってしまいます。

おそらくは最初は、どうすれば子どもを勇気づけられるかということを考えると、前とは違って、子どもにかける言葉が適切かどうかを一々考えなければならなくなります。そういうのは窮屈だと思う人もあるかもしれませんが、それくらい言葉の選択に慎重にならなければ、子どもを傷つけたり、苛立たせたり、怒らせることになります。

こうして試行錯誤しながら子どもに声をかけていると、ある日、気がつくのです。

私が子どもを勇気づけているのではない、むしろ、日々の生活においてどれほど子どもに勇気づけられているのか、と。

まとめ

子どもを勇気づけて
自立を援助する子育ては、
最初は難しいと
感じられるかもしれない。
しかし、毎日子どもを見守りながら
声をかけていると、ある日
自分たちのほうが子どもに
勇気づけられていることに気づく。

子どもの成長に気づく瞬間⑥

子どものたくましさ

親は、子どもが育つのを援助することができるだけ

私は親が子どもを教育するのではないと思います。親は、子どもが育つのを援助することができるだけです。すぐに、今までとは違う方法で子どもと関わることができなくても、子どもの課題に口出しをしたり叱ったりするようなことがあっても、心配することはありません。子どもは親がいなくても育つといいますが、子どもは親がいても育つというのが正確かもしれません。それほど子どもはたくましいのです。

おわりに

子どもが、生まれたその日から、大人と同じだけ大きければいいのに、と思うことがあります。子どもは親が思っているよりも早く多くのことを理解できるようになりますが、親は子どもを見た目で大人よりも劣った存在だと判断してしまうことがあるからです。もちろん、子どもに実力以上のことを課すと勇気をくじくことになるので、何ができ、できないかを知ることは大切です。

子どもを育てる時には、子どもを愛するというような漠然としたことではなく、具体的に今ここでどうするのか、どんな言葉をかけるのかを知る必要があります。頭ではわかってもなかなか実践できないと思われた人も多いかもしれませんが、本書が子どもと生きる日々を少しでも楽しく感じられることに役立てばうれしいです。

原稿を丹念に読み有益な助言をくださった学研パブリッシングの姥智子さん、ヴュー企画の須藤和枝さんに感謝します。

二〇一四年一二月一二日

岸見　一郎

［著者紹介］
岸見一郎（きしみ・いちろう）
1956年、京都生まれ。京都大学大学院文学研究科博士課程満期退学（西洋哲学史専攻）。現在、明治東洋医学院専門学校教員養成学科、鍼灸学科、柔整学科（教育心理学、臨床心理学）、京都聖カタリナ高等学校看護科（心理学）非常勤講師。日本アドラー心理学会認定カウンセラー、日本アドラー心理学会顧問。著書に『アドラー心理学入門』（KKベストセラーズ）、『アドラー 人生を生き抜く心理学』（NHK出版）、『アドラーを読む』（アルテ）などがある。共著『嫌われる勇気』（ダイヤモンド社）はベストセラーに。

［Staff］
デザイン・DTP・装丁／Nicoli-Graphics（三輪明日香）　イラスト／十二亜希子
編集協力／ヴュー企画（須藤和枝）

叱らない子育て
2015年 2 月24日　第1刷発行
2015年12月25日　第5刷発行

著　者　岸見一郎
発行人　鈴木昌子
編集人　南條達也
発行所　株式会社　学研プラス
〒141-8415　東京都品川区西五反田2-11-8
印刷所　中央精版印刷株式会社

この本に関する各種のお問い合わせは、次のところにお願いします。
【電話の場合】
編集内容については　TEL 03-6431-1223（編集部直通）
在庫、不良品（落丁、乱丁）については　TEL 03-6431-1250（販売部直通）
【文書の場合】
〒141-8418　東京都品川区西五反田2-11-8
学研お客様センター
『叱らない子育て』係

この本以外の学研商品に関するお問い合わせは下記まで。
TEL 03-6431-1002（学研お客様センター）

学研の書籍・雑誌についての新刊情報・詳細情報は、下記をご覧ください。
学研出版サイト　http://hon.gakken.jp/